# 지역농협의 이해

# 지역농협의 이해

김영성 지음

쏠트라인
SALTLINE

농협 조합원으로 가입한 지 20여 년이 지났다. 그동안 농협에 대하여 별 관심이 없다가 뒤늦게 관심을 가지면서 여러 지인들의 도움으로 조합 대의원이 되었다.

대의원 활동은 1년에 몇 차례 하지 않았다. 그로 인해 농협을 제대로 알기도 전에 2년이란 임기가 순식간에 지나가 버렸다.

그러나 운 좋게 한 번 더할 기회를 가졌다. 대의원을 연임할 기회를 가진 것이다.

이번 임기에는 조합에 관심있는 대의원들을 만나면서 내 스스로도 체계적인 공부가 필요하다는 것을 느꼈고, 조합원들도 상식적으로 농협에 대해 알아야겠다는 생각이 들어 이 책을 집필하게 되었다.

공직에 34년간 근무하면서 터득한 경험과 지식을 바탕으로 농협 전반을 들여다보는 기회를 가진 것이다.

이 책은 농협 조합원이라면 꼭 읽어봐야 하는 필독서라 할 수 있다.

아무쪼록 이 책을 통해 농협을 이해하는데 도움이 되었으면 한다.

| 차례 |

## 제3장 임원

## 제4장 농협의 회의체 기관

## 제5장 회의 진행 실제

## 제6장 임원의 선거

## 제7장 직원

## 제8장 농협의 회계

## 제9장 나가기     

# 제1장

# 들어가기

# 제1장 들어가기

## 제1절 협동조합의 기원

농협을 이해하기 위해서는 먼저 협동조합이라는 것을 이해해야
한다.

협동조합協同組合이란 경제적으로 열악한 처지에 있는 사람들이
뜻을 모아 자신들의 경제생활에 대한 지위향상과 권익 옹호를 위해
만든 경제조직단체이다.

협동조합의 종류에는 취급하는 분야나 인적구성원의 성질에 따라
여러 가지로 분류할 수 있다. 여기에서는 지역농협에 관한 내용을
중심으로 다루려고 한다.

협동조합의 기원으로는 1844년 영국에서 발족한 롯치데일 공정
선구자조합Rochidale Society of Equitable Pioneers를 들고 있
다. 시대적인 상황으로 봤을 때, 그 당시에는 빈곤이 극심하여 생존
이 어려울 지경이었다.

그래서 자구책으로 뜻을 같이하는 직조공들이 1파운드씩 돈을 걷
어 사업을 시작한 것이다. 그 발전되어온 과정과 조직구조가 지금
의 협동조합 모형과 비슷해서 이를 효시로 본 것이다.

## 제2절 우리나라 협동조합 역사

우리나라의 협동조합 역사는 그리 길지 않다. 1920년대부터 경제적 독립운동의 일환으로 협동조합운동이 일어났으나 일제의 탄압으로 위축되었다. 해방과 6.25 등의 혼란기를 거치면서 1957년에 농업협동조합법이 제정되었다.

지금과 같은 기구로서의 농협은 1961년 6월에 국가재건최고위원회를 통해 농업협동조합과 농업은행이 통합됨으로써 발족되었다. 이를 계기로 농산물 공판장이 개장되고, 농협(농민)신문 창간, 농업 관련 대학설립 등이 이루어졌다.

우리나라 협동조합의 역사는 다양한 변화가 많았기 때문에 설명하려면 한 권의 책으로 엮어야 할 만큼 방대하고 복잡하다. 따라서 더 이상의 자세한 설명은 생략하기로 한다.

지금의 농업협동조합법은 1999년 9월 7일 제정되었다.

2023년 10월 31일 현재 전국 지역농협 현황을 보면 본점 916개소에 지점 2,764개소가 있다.

전국 지역농협 조합원은 1,876,553명이고, 준조합원은 14,605,177명이다(농협연감, 2023년 발행, 발행처 : 농업협동조합중앙회).


## 제3절 협동조합의 7대 원칙

1995년 국제협동조합연맹(ICA, International Cooperative Alliance)은 협동조합을 공동재산으로 관리하고 민주적으로 운영되는 사업enterprise으로 보았다. 이를 통하여 공동의 경제적, 사회적, 문화적 필요와 욕구를 충족시키려는 사람들이 자발적이고 자율적으로 결성한 조직이라고 정의하였다.

협동조합에 있어 ICA의 기본원칙은 다음과 같다. 협동조합의 7대 원칙이라고도 말한다. 농협관계법과 함께 살펴보기로 하자.

## 1. 자발적이고 개방적인 조합원 제도

협동조합은 자발적 조직이며, 성性적·사회적·인종적·정치적·종교적 차별을 두지 않는 개방적인 상태에서 가입이 자유로워야 한다.

### 가. 가입의 자유

지역농협은 정당한 사유 없이 조합원 자격을 갖추고 있는 자의 가입을 거절하거나 다른 조합원보다 불리한 가입 조건을 달 수 없다. 지역농협은 조합원 수數를 제한할 수 없다(농업협동조합법 제28조).

### 나. 탈퇴의 자유

조합원은 지역농협에 탈퇴 의사를 알리고 탈퇴할 수 있다(농업협동조합법 제29조).

### 다. 복수 조합원 허용

조합가입 자유의 원칙과 조합원 수의 무제한 규정에 따라 동일 가구에 여러 명의 조합원 가입을 제한 할 수 없다는 것이 일반적인 해석이다.

### 라. 외국인의 가입 허용

외국인에 대한 규제조항이 없으므로 자격 요건만 갖춘다면 가입이 가능하다고 본다.

## 2. 조합의 민주적 관리

협동조합은 조합원에 의하여 관리되는 조직임으로 운영방법이 민주적이어야 한다. 선출된 임원들은 조합원들에게 책임 있는 자세로 주인의식과 봉사하는 마음가짐이 있어야 한다.

### 가. 평등한 투표권(1인 1표)

조합원은 출자의 규모나 신분에 관계없이 의결권과 선거권에 있어 1인 1표의 평등한 투표권을 가진다(농업협동조합법 제26조).

### 나. 의사결정의 참여와 조합운영의 통제

조합 정관의 변경, 해산·분할 또는 품목조합으로의 조직변경, 조합원의 제명, 합병, 임원의 선출 및 해임, 규약의 제정·개정 및 폐지, 사업 계획의 수립, 수지 예산의 편성과 사업 계획 및 수지 예산 중 정관으로 정하는 중요한 사항의 변경, 사업보고서, 재무상태표, 손익계산서, 잉여금처분안과 손실금 처리안, 중앙회의 설립 발기인이 되거나 이에 가입 또는 탈퇴하는 것, 임원의 보수 및 실비변상, 그 밖에 조합장이나 이사회가 필요하다고 인정하는 사항 등은 **총회의 의결**을 얻어야 한다. 이는 조합의 의사결정에 대하여 조합원의 참여를 제도화한 것이다(농업협동조합법 제35조).

조합에 대하여 총회, 이사회, 감사가 의사결정, 집행안 심의, 관리 감독 등의 견제 작용을 하고 있다. 삼권분립의 원리에 비유해서 입법권, 행정권, 사법권으로 설명하기도 한다.

### 다. 다수결의 원칙

총회는 다른 규정이 있는 경우를 제외하고는 조합원 과반수의 출석으로 개의開議하고 출석조합원 과반수의 찬성으로 의결한다(농업협동조합법 제38조).

### 라. 선거권과 피선거권

조합장을 비롯한 임원의 선출에 대하여 조합원은 선거권과 피선거권이 있다. 임원의 임기 제도를 두어 재신임의 기회를 가질 수 있다.

### 마. 조합원의 조합운영 참여

조합원의 조합 운영 참여와 감시기능을 수행하기 위하여 의결의 취소, 무효 확인 청구권, 총회소집 청구권, 임원해임 청구권, 법원에 대한 검사인 선임청구권, 총회안건 제안권, 회계장부와 서류의 열람권, 사본발급 청구권, 정보공개청구권, 조합운영의 제반사항에 대하여 건의나 시정요구권 등을 보장하고 있다.

## 바. 조합의 건전성 확보

지역농협은 농협의 건전한 발전을 도모하기 위하여 조합원 및 외부 전문가 15명 이내로 운영평가자문회의를 구성·운영할 수 있다(농업협동조합법 제44조).

## 사. 출자 제한

출자금의 최고액 제한규정을 두고 있다(지역농업협동조합정관례 제18조 제3항). 이는 평등원칙에 입각한 것으로 재정능력자가 농협에 대하여 영향력을 행사하는 것을 통제하기 위한 것이라고 본다.

## 3. 조합원의 경제적 참여

조합원은 조합의 자본조성에 자발적으로 참여하여야 하며, 조성된 자본은 효율적이고 민주적으로 관리되어야 한다. 출자배당이 있을 경우, 배당은 출자액에 따라 제한된 배당금을 받는다. 잉여금은 준비금 적립 등을 통한 조합의 발전, 조합원의 사업이용실적에 비례한 편익제공, 기타 조합원에 동의를 얻은 분야의 활동지원 등에 배분한다. 사업 활동을 통해 발생한 잉여금은 발전기금으로 적립한다. 조합원의 조합사업 이용고에 비례하여 배당금을 지급한다. 따라서 조합원 모두는 협동조합 사업에 적극 참여하여야 한다(농업협동조합법 제68조).

## 가. 출자 의무

조합원은 정관으로 정하는 좌수 이상을 출자하여야 한다. 의무사항이며 조합원 자격 요건이기도 하다(농업협동조합법 제21조).

## 나. 손실금 우선 보전

지역농협은 매 회계연도의 결산 결과 손실금(당기손실금을 말한다)이 발생하면 미처분이월금·임의적립금·법정적립금·자본적립금·회전출자금의 순으로 보전하며, 보전 후에도 부족할 때에는 이를 다음 회계연도에 이월한다(농업협동조합법 제68조).

## 다. 잉여금 배당

잉여금은 정관으로 정하는 바에 따라 다음의 순서대로 배당한다(농업협동조합법 제68조).
1) 조합원의 사업이용실적에 대한 배당
2) 정관으로 정하는 비율의 한도 이내에서 납입출자액에 대한 배당

3) 준조합원의 사업이용실적에 대한 배당

## 4. 자율과 독립

조합은 조합원에 의한 자치조직이며, 외부기관과의 관계 형성에서는 자율성과 독립성이 유지되어야 한다.

### 가. 조합의 자율성과 독립성 보장

국가와 공공단체는 조합 등과 중앙회의 자율성을 침해하여서는 아니 된다(농업협동조합법 제9조).

### 나. 조합의 자율성 유지

조합은 자기자본의 확충을 통한 경영의 건전성을 도모하기 위하여 정관으로 정하는 바에 따라 잉여금 배당에서 우선적 지위를 가지는 우선출자를 발행할 수 있다. 우선출자의 총액은 자기자본의 2분의 1을 초과할 수 없다. 우선출자자에 대하여는 의결권과 선거권을 인정하지 아니 한다(농업협동조합법 제147조). 우선출자자에게 의결권이나 선거권을 인정하지 않음으로써 외부자본을 유치하더라도 조합의 자율성을 유지할 수 있는 장치이다.

## 5. 교육 및 홍보

조합은 조합원, 선출된 임원, 경영자, 직원들에게 교육과 훈련을 제공하여 조합운영에 차질이 없도록 하며, 조합 발전에도 기여하도록 한다. 젊은 세대와 여론 지도층에게도 협동조합의 본질과 장점에 대한 정보를 제공하여야 한다. 조합원이 아닌 일반인에게도 협동조합의 이점利点에 관해 널리 홍보하여야 한다.

## 가. 정보 제공

조합은 조합원의 농업생산성을 높이고 조합원이 생산한 농산물의 판로 확대 및 유통 원활화를 도모하며, 조합원이 필요로 하는 기술, 자금 및 정보 등을 제공하여 조합원의 경제적·사회적·문화적 지위 향상을 증대시켜야 한다(농업협동조합법 제13조).

## 나. 조합원 교육

지역농협은 조합원에게 협동조합의 운영원칙과 방법에 관한 교육을 하여야 한다. 지역농협은 조합원의 권익이 증진될 수 있도록 조합원에 대하여 적극적으로 품목별 전문기술교육과 경영상담 등을 하여야 한다. 지역농협은 교육과 상담을 효율적으로 수행하기 위하여 주요 품목별로 전문 상담원을 둘 수 있다(농업협동조합법 제60조).

## 6. 협동조합 간의 협동

조합은 지역 및 전국 단위 간에 그리고 국제적으로도 상호 협조함으로써 협동조합을 더욱 편리하게 이용할 수 있고, 그 위상을 높이는 효과가 있다. 협동조합 간에 단합된 연대의식을 갖는 것이다.

## 가. 조합 간의 편의 제공

조합원과 동일한 세대世帶에 속하는 사람, 다른 조합 또는 다른 조합의 조합원이 지역농협의 사업을 이용하는 경우에는 그 지역농협의 조합원이 이용한 것으로 본다. 지역농협은 품목조합의 조합원이 지역농협의 신용사업을 이용하려는 경우 최대의 편의를 제공하여야 한다(농업협동조합법 제58조).

## 나. 다른 협동조합 등과의 협력

조합 등, 중앙회, 농협경제지주회사 및 그 자회사는 다른 조합, 조합공동사업법인, 품목조합연합회, 다른 법률에 따른 협동조합 및 외국의 협동조합과의 상호협력, 이해증진 및 공동사업 개발 등을 위하여 노력하여야 한다(농업협동조합법 제10조).

## 7, 지역사회에 대한 기여

조합은 지역사회의 발전을 위해 노력해야 한다. 조합의 홍보 효과도 가져올 수 있다.

지역에 거주하는 개별 조합원들과 지역사회는 혈연, 지연, 학연 등의 사회망을 통해 밀접한 관계를 형성하고 있다. 따라서 개별 조합원에 대한 혜택과 복지증진이 곧 지역사회의 발전으로 이어지는 것은 당연한 이치라고 본다.

## 가. 준조합원 인정

지역농협은 정관으로 정하는 바에 따라 지역농협의 구역에 주소나 거소를 둔 자로서 그 지역농협의 사업을 이용함이 적당하다고 인정되는 자를 준조합원으로 할 수 있다(농업협동조합법 제20조). 품질 좋은 물품의 구매와 안정된 금융상품 그리고 그 수익에 대한 서비스 제공 등을 통해 지역주민에게도 많은 혜택을 제공하리라고 본다.

## 나. 도시와의 교류

요즘은 농촌의 도심화가 급속하게 이루어지고 있다. 종전의 농지가 도시계획으로 인하여 도심권으로 변해버리는 것이다. 따라서 농촌과 도심의 한계가 불분명해지고 농업인이 도심에 거주하는 시대가 되었다. 이런 도심권에는 인구와 자금이 몰려있기 때문에 도심권과의 교류는 매우 중요하다. 농산물의 판매와 신용사업 등 여러 분야에서 도시와의 교류는 필수적이다. 농산물의 국산화를 통해 상품의 믿음과 농촌의 향수를 느낄 수 있게 함으로써 지역 도심에서도 농협의 역할과 그 효과를 기대해 볼 수 있을 것으로 본다(농업협동조합법 제57조 제1항 제1호 마).

## 다. 비조합원의 사업 이용

지역농협은 조합원이 이용하는 데에 지장이 없는 범위에서 조합원이 아닌 자에게 그 사업을 이용하게 할 수 있다(농업협동조합법 제58조). 이용자에 제한을 두지 않음으로써 지역주민 모두가 질 좋은 서비스를 누릴 수 있다.

## 제4절 농업협동조합의 목적

농업협동조합법 제1조에 의하면 "농업인의 자주적인 협동조직을 바탕으로 농업인의 경제적·사회적·문화적 지위를 향상시키고, 농업의 경쟁력 강화를 통하여 농업인의 삶의 질을 높이며, 국민경제의 균형 있는 발전에 이바지함을 목적으로 한다."라고 되어 있다.

농업협동조합법 제13조에 의하면 "지역농업협동조합은 조합원의 농업생산성을 높이고 조합원이 생산한 농산물의 판로 확대 및 유통 원활화를 도모하며, 조합원이 필요로 하는 기술, 자금 및 정보 등을 제공하여 조합원의 경제적·사회적·문화적 지위 향상을 증대시키는 것을 목적으로 한다."라고 되어 있다.

## 제5절 농협의 일반 성격

### 1. 정치적 중립성

공직선거에서 특정 정당을 지지하거나 특정인을 당선되도록 하거나 당선되지 아니하도록 하는 행위를 하여서는 아니 된다(농업협동조합법 제7조).

### 2. 조합원 출자자산에 대한 유한책임성

조합원의 책임은 그 출자액을 한도로 한다(농업협동조합법 제24조).

### 3. 법인

법인法人(juridical person)이란 법률상에서 자연인과 같이 법률상 권리 또는 의무의 주체가 되는 대상을 말한다. 법인이란 용어는 민법에서 많이 사용되며, 예로는 기업, 정부, 학교 등이 있다. 법인에게도 법인격은 부여하지만 생물학적인 사람(자연인)과는 구별된다. 농업협동조합법 제4조에서 농협은 법인임을 밝히고 있다.

### 4. 특수법인

일반법에 의하여 설립되는 법인을 "일반법인"이라 하고 특별법에 의하여 설립되는 법인을 "특수법인"이라고 한다. 농업협동조합법이 특별법에 속하므로 농협은 특수법인이다.

## 5. 사단법인

"사단법인"이란 일정한 목적을 위해 사람들이 결합한 단체로서 주무관청의 허가를 받아 설립한 단체를 말한다.

"재단법인"이란 특정한 목적에 재산을 출연함으로서 주무관청의 허가를 받아 설립한 재단을 말합니다.

농협은 조합원이라는 인적 구성원으로 형성하여 총회의결을 중심으로 운영되는 조직이므로 사단법인이다.

## 6. 사법인과 공법인의 중간적 영역

공법인이란 정부나 지방자치단체 등 공공기관이나 공공단체를 말한다.

사법인이란 개인이나 기업 등 사적인 목적을 위해 설립된 법인으로 시장경쟁이나 이윤을 추구하는 단체를 말한다.

헌법재판소의 판례에 의하면 농협은 농업협동조합법에서 정하는 특정한 국가적 목적을 위하여 설립된 공공성이 강한 법인(2000. 6. 1. 98헌마386)이라 보았다. 또한 농협은 공법성과 사법성을 함께 구비하는 중간적 영역의 특수법인(2000. 6. 1. 99헌마553)이라고도 보았다.

## 7. 비영리법인

사단법인에는 영리를 목적으로 하는 영리법인과 영리 아닌 사업을 목적으로 하는 비영리법인이 있다.

농업협동조합법 제5조에 "조합과 중앙회는 설립취지에 반하여 영리나 투기를 목적으로 하는 업무를 하여서는 아니 된다"라고 되어 있으므로 비영리법인이다.

대법원 판례에 의하면 조합이 비영리법인이라도 반드시 적극적으로 공익을 목적으로 하는 비영리사업만을 수행하여야 하는 것이 아니라 그 목적을 달성하는데 필요한 범위 내에서 주된 목적인 비영리사업에 부수하여 영리사업을 수행할 수 있음을 판시하였다(대법원 1999. 10. 8. 99다27231).

## 제6절 농협의 역할

농협은 농업인의 경쟁력 강화와 농민들의 삶의 질 향상에 노력하고 있으며, 지역과 국민 경제의 발전에도 기여하고 있다고 본다.

농협은 그 사업 수행 시 조합원이나 회원을 위하여 최대한 봉사하여야 한다.

농협은 일부 조합원이나 일부 회원의 이익에 편중되는 업무를 하여서는 아니 된다(농업협동조합법 제5조).

농협의 활동영역은 크게 3개 부문 나누어 볼 수 있다. 교육지원부문, 경제부문, 금융부문이다.

## 1. 교육지원 부문

농업인의 농정활동을 위해 교육과 기술지원을 하고 있다. 또한 농업인의 복지증진을 위해서도 끊임없이 노력하고 있다. 농촌사랑운동 등 농업인 사기 앙양과 격려, 그리고 농촌의 홍보에도 열의를 다하고 있다.

조합원 복지증진을 위하여 의료비 지원, 농자금 지원, 장학사업, 농기계 자격취득 지원, 농기계 구입지원, 조합원 애경사 지원 등이 있다. 이는 조합마다 사업이나 항목이 다소 다를 수 있다.

## 2. 경제부문

농업인이 생산한 농산물의 유통, 가공, 소비 등에 경제사업 지원이 이루어지고 있다. 영농자재 공급과 품질 좋은 농업관련 기계와 기구의 염가 판매, 소비자 유통활성화를 위한 마트사업이 활발하게 이루어지고 있다. 마트사업은 농산물 유통과도 직접적인 관련이 있다.

## 3. 금융부문

은행 업무를 통해 조합원의 안전한 현금관리와 필요자금 대출 등을 통해 조합원 복지에 기여하고 있다. 은행업무와 더불어 카드, 보험, 외국환 등 다양한 서비스가 제공되고 있다.

## 제7절 농협중앙회의 기능과 역할

### 1. 농협중앙회의 발족

농협중앙회는 농협의 중앙(연합)조직이다. 1961년 7월 29일에 제정된 농업협동조합법에 따라 같은 해 8월 15일에 발족되었다. 2000년 7월에는 축산업협동조합중앙회와 인삼협동조합중앙회를 흡수 통합하였다.

농협중앙회에 가입된 개별조합을 회원이라 칭한다.

### 2. 개별농협(회원)의 지도

농업협동조합법 제142조에 의거 농협중앙회는 회원을 지도하며 이에 필요한 규정이나 지침 등을 정할 수 있다.

농업중앙회는 회원의 경영 상태 및 회원이 정관으로 정하는 경제사업 기준에 대하여 그 이행 현황을 평가하고, 그 결과에 따라 그 회원에게 경영 개선 요구, 합병 권고 등의 필요한 조치를 하여야 한다. 이 경우 조합장은 그 사실을 지체 없이 공고하고 서면으로 조합원에게 알려야 하며, 조치 결과를 조합의 이사회 및 총회에 보고하여야 한다.

농업중앙회는 회원의 건전한 업무수행과 조합원이나 제3자의 보호를 위하여 필요하다고 인정하면 해당 업무에 관하여 다음 각호의 처분을 농림축산식품부장관에게 요청할 수 있다.

가. 정관의 변경

나. 업무의 전부 또는 일부의 정지

다. 재산의 공탁·처분의 금지

라. 그 밖에 필요한 처분

## 3. 개별농협(회원)의 감독

농업협동조합법 제142조의2에 의거 중앙회는 중앙회의 자회사(농협경제지주회사 및 농협금융지주회사의 자회사를 포함)가 그 업무수행 시 중앙회의 회원 및 회원 조합원의 이익에 기여할 수 있도록 정관으로 정하는 바에 따라 지도·감독하여야 한다.

농협중앙회는 지도·감독 결과에 따라 해당 자회사에 대하여 경영개선 등 필요한 조치를 요구할 수 있다.

## 4. 개별농협(회원)의 감사

농업협동조합법 제143조에 의거 회원의 건전한 발전을 도모하기 위하여 농협중앙회 소속으로 회원의 업무를 지도·감사할 수 있는 조합감사위원회를 둔다.

조합감사위원회는 위원장을 포함한 5명의 위원으로 구성하되, 위원장은 상임으로 한다.

조합감사위원회의 감사 사무를 처리하기 위하여 정관으로 정하는 바에 따라 위원회에 필요한 기구를 둔다.

## 5. 농협중앙회의 역할

### 가. 회원농협의 사업지원

1) 전문적인 문제 해결 지원
2) 공통된 이익보호
3) 필요자금 융통
4) 여유자금 예치운용
5) 임직원 교육 훈련
6) 농축산 신기술 개발 제공
7) 영농자재 등 구매사업에 대한 시장 교섭 지원
8) 전국 온라인 금융업무 지원
9) 법률적 구조 사업
10) 장학사업
11) 병원연계 의료서비스 제공
12) 농민신문 발행과 각종 연구도서 발간 배부
13) 감사업무의 지원

### 나. 회원농협 간의 단합된 힘의 활용

1) 시장에서의 경쟁력 강화
2) 정부와 정치권에 대한 의견주장과 제안
3) 농업인 단체와의 교류 협력
4) 학술활동 교류 증대

## 다. 전문적인 사업수행

1) 전문적인 지식 제공
2) 전문성을 가진 기구의 구비와 활용

## 라. 홍보 전략 추진

1) 전체 회원에 맞는 홍보전략 추진
2) 전체 회원에 대한 대민 신뢰도 증진 활동

## 마. 회원의 지도

1) 개별 회원의 위험 요소에 대한 사고방지책 마련과 발생한 문제에 대한 조기수습 방안 지원
2) 개별회원의 시행착오와 피해를 줄이기 위해 사업추진 속도와 방향 제시

## 바. 회원 간 분쟁 조정

회원 간의 분쟁으로 법원을 통한 소송으로 이어진다면 비용발생과 감정대립 등이 발생함으로써 많은 피해가 발생할 수 있다. 분쟁 시 합리적인 기준과 조정안을 통해 문제 해결을 지원한다.

## 사. 국제기구와의 교섭

1) 농산물의 해외시장 개척
2) 국제적인 시장 활동, 국제기구와의 교섭과 협력 추진

## 아. 회원에 대한 방어

1) 농업인 단체나 정치인의 비방과 공격에 대한 방어
2) 이해관계가 있는 개인이나 사업체의 공격에 대한 논리적인 대응


# 제8절 국가기관의 지원과 감독 등의 관련법 조항

## 1. 헌법

**헌법 제123조 제1항**에 의하면 "국가는 농업 및 어업을 보호·육성하기 위하여 농·어촌종합개발과 그 지원 등 필요한 계획을 수립·시행하여야 한다."라고 되어 있다. 제4항에는 "국가는 농수산물의 수급균형과 유통구조의 개선에 노력하여 가격안정을 도모함으로써 농·어민의 이익을 보호한다."라고 되어있다. 제5항에는 "국가는 농·어민과 중소기업의 자조조직을 육성하여야 하며, 그 자율적 활동과 발전을 보장한다."라고 되어있다.

## 2. 농업협동조합법

**농업협동조합법 제8조**에 의하면 "조합 등, 중앙회 및 이 법에 따라 설립된 농협경제지주회사·농협금융지주회사·농협은행·농협생명보험·농협손해보험의 업무와 재산에 대하여는 국가와 지방자치단체의 조세 외의 부과금을 면제한다."라고 되어 있다.

**농업협동조합법 제9조 제1항**에 의하면 "국가와 공공단체는 조합 등과 중앙회의 자율성을 침해하여서는 아니 된다."라고 되어있고 제2항에는 "국가와 공공단체는 조합등과 중앙회의 사업에 대하여 적극적으로 협력하여야 한다. 이 경우 국가나 공공단체는 필요한 경비를 보조하거나 융자할 수 있다."라고 되어 있다. 제3항에서는 "중앙회의 회장은 조합 등과 중앙회의 발전을 위하여 필요한 사항에 관하여 국가와 공공단체에 의견을 제출할 수 있다. 이 경우 국가와 공공단체는 그 의견이 반영되도록 최대한 노력하여야 한다."라고 되어 있다.

**농업협동조합법 제12조**에는 다른 법률의 적용 배제 및 준용 내용이 있다.

**농업협동조합법 제162조** ①농림축산식품부장관은 이 법에서 정하는 바에 따라 조합 등과 중앙회를 감독하며 대통령령으로 정하는 바에 따라 감독상 필요한 명령과 조치를 할 수 있다. 다만, 조합의 신용사업에 대하여는 금융위원회와 협의하여 감독한다. ②농림축산식품부장관은 제1항에 따른 직무를 수행하기 위하여 필요하다고 인정하면 금융위원회에 조합이나 중앙회에 대한 검사를 요청할 수 있다. ③농림축산식품부장관은 이 법에 따른 조합 등에 관한 감독권의 일부를 대통령령으로 정하는 바에 따라 회장에게 위탁할 수 있다. ④지방자치단체의 장은 제1항에도 불구하고 대통령령으로 정하는 바에 따라 지방자치단체가 보조한 사업과 관련된 업무에 대하여 조합 등을 감독하여 필요한 조치를 할 수 있다. ⑤금융위원회는 제1항 및 제161조의11 제7항에도 불구하고 대통령령으로 정하는 바에 따라 조합의 신용사업과 농협은행에 대하여 그 경영의 건전성 확보를 위한 감독을 하고, 그 감독에 필요한 명령을 할 수 있다. ⑥ 금융감독원장은 「신용협동조합법」 제95조에 따라 조합에 적용되는 같은 법 제83조에 따른 조합에 관한 검사권의 일부를 회장에게 위탁할 수 있다.

**농업협동조합법 제163조(위법 또는 부당 의결사항의 취소 또는 집행정지)** 농림축산식품부장관은 조합 등과 중앙회의 총회나 이사회가 의결한 사항이 위법 또는 부당하다고 인정하면 그 전부 또는 일부를 취소하거나 집행을 정지하게 할 수 있다.

**농업협동조합법 제164조(위법행위에 대한 행정처분)** ①농림축산식품부장관은 조합 등이나 중앙회의 업무와 회계가 법령, 법령에 따른 행정처분 또는 정관에 위반된다고 인정하면 그 조합 등이나 중앙회에 대하여 기간을 정하여 그 시정을 명하고 관련 임직원에게 다음 각호의 조치를 하게 할 수 있다.

1) 임원에 대하여는 개선, 직무의 정지 또는 변상
2) 직원에 대하여는 징계면직, 정직, 감봉 또는 변상
3) 임직원에 대한 주의·경고

②농림축산식품부장관은 조합 등이나 중앙회가 제1항에 따른 시

정명령 또는 임직원에 대한 조치를 이행하지 아니하면 6개월 이내의 기간을 정하여 그 업무의 전부 또는 일부를 정지시킬 수 있다. ③제1항 및 제146조 제3항 제1호 및 제2호에 따라 개선이나 징계 면직의 조치를 요구받은 해당 임직원은 그날부터 그 조치가 확정되는 날까지 직무가 정지된다.

**농업협동조합법 제166조(경영지도)** ①농림축산식품부장관은 조합 등이 다음 각호의 어느 하나에 해당되어 조합원 보호에 지장을 줄 우려가 있다고 인정되면 그 조합 등에 대하여 경영 지도를 한다.

1) 조합에 대한 감사 결과 조합의 부실 대출 합계액이 자기자본의 2배를 초과하는 경우로서 단기간 내에 통상적인 방법으로는 회수하기가 곤란하여 자기자본의 전부가 잠식될 우려가 있다고 인정되는 경우

2) 조합 등의 임직원의 위법·부당한 행위로 인하여 조합 등에 재산상의 손실이 발생하여 자력自力으로 경영정상화를 추진하는 것이 어렵다고 인정되는 경우

3) 조합의 파산위험이 현저하거나 임직원의 위법·부당한 행위로 인하여 조합의 예금 및 적금의 인출이 쇄도하거나 조합이 예금 및 적금을 지급할 수 없는 상태에 이른 경우

4) 제142조 제2항 및 제146조에 따른 경영평가 또는 감사의 결과 경영지도가 필요하다고 인정하여 회장이 건의하는 경우

5)「신용협동조합법」제95조에 따라 조합에 적용되는 같은 법 제83조에 따른 검사의 결과 경영지도가 필요하다고 인정하여 금융감독원장이 건의하는 경우

②제1항에서 "경영지도"란 다음 각호의 사항에 대하여 지도하는

것을 말한다.

1) 불법·부실 대출의 회수 및 채권의 확보
2) 자금의 수급需給 및 여신·수신與信·受信에 관한 업무
3) 그 밖에 조합 등의 경영에 관하여 대통령령으로 정하는 사항

③농림축산식품부장관은 제1항에 따른 경영지도가 시작된 경우에는 6개월의 범위에서 채무의 지급을 정지하거나 임원의 직무를 정지할 수 있다. 이 경우 회장에게 지체 없이 조합 등의 재산상황을 조사하게 하거나 금융감독원장에게 재산실사財産實査를 요청할 수 있다. ④회장이나 금융감독원장은 제3항 후단에 따른 재산실사의 결과 위법·부당한 행위로 인하여 조합 등에 손실을 끼친 임직원에게 재산 조회照會 및 가압류 신청 등 손실금 보전을 위하여 필요한 조치를 하여야 한다. ⑤농림축산식품부장관은 제4항에 따른 조치에 필요한 자료를 중앙행정기관의 장에게 요청할 수 있다. 이 경우 요청을 받은 중앙행정기관의 장은 특별한 사유가 없으면 그 요청에 따라야 한다. ⑥농림축산식품부장관은 재산실사의 결과 해당 조합 등의 경영정상화가 가능한 경우 등 특별한 사유가 있다고 인정되면 제3항 본문에 따른 정지의 전부 또는 일부를 철회하여야 한다. ⑦농림축산식품부장관은 제1항에 따른 경영지도에 관한 업무를 회장에게 위탁할 수 있다. ⑧제1항부터 제3항까지의 규정에 따른 경영지도, 채무의 지급정지 또는 임원의 직무정지의 방법, 기간 및 절차 등에 필요한 사항은 대통령령으로 정한다.

**농업협동조합법 제167조(설립인가의 취소 등)** ①농림축산식품부

장관은 조합 등이 다음 각호의 어느 하나에 해당하게 되면 회장 및 사업전담대표이사 등의 의견을 들어 설립인가를 취소하거나 합병을 명할 수 있다. 다만, 제4호와 제7호에 해당하면 설립인가를 취소하여야 한다.

1) 설립인가일부터 90일을 지나도 설립등기를 하지 아니한 경우

2) 정당한 사유 없이 1년 이상 사업을 실시하지 아니한 경우

3) 2회 이상 제164조 제1항에 따른 처분을 받고도 시정하지 아니한 경우

4) 제164조 제2항에 따른 업무정지 기간에 해당 업무를 계속한 경우

5) 조합 등의 설립인가기준에 미치지 못하는 경우

6) 조합 등에 대한 감사나 경영평가의 결과 경영이 부실하여 자본을 잠식한 조합 등으로서 제142조 제2항, 제146조 또는 제166조의 조치에 따르지 아니하여 조합원(제112조의3에 따른 조합공동사업법인 및 연합회의 경우에는 회원을 말한다) 및 제3자에게 중대한 손실을 끼칠 우려가 있는 경우

7) 거짓이나 그 밖의 부정한 방법으로 조합 등의 설립인가를 받은 경우

②농림축산식품부장관은 제1항에 따라 조합 등의 설립인가를 취소하면 즉시 그 사실을 공고하여야 한다.

**농업협동조합법 제168조(조합원이나 회원의 검사 청구)** ①농림축산식품부장관은 조합원이 조합원 300인 이상이나 조합원 또는

대의원 100분의 10 이상의 동의를 받아 소속 조합의 업무집행상황이 법령이나 정관에 위반된다는 사유로 검사를 청구하면 회장으로 하여금 그 조합의 업무 상황을 검사하게 할 수 있다. ②농림축산식품부장관은 중앙회의 회원이 회원 100분의 10 이상의 동의를 받아 중앙회의 업무집행상황이 법령이나 정관에 위반된다는 사유로 검사를 청구하면 금융감독원장에게 중앙회에 대한 검사를 요청할 수 있다.

**농업협동조합법 제169조(청문)** 농림축산식품부장관은 제167조에 따라 설립인가를 취소하려면 청문을 하여야 한다.

농업협동조합법 제12조의3(「중소기업제품 구매촉진 및 판로지원에 관한 법률」과의 관계) 조합 등이 공공기관(「중소기업제품 구매촉진 및 판로지원에 관한 법률」 제2조제2호에 따른 공공기관을 말한다)에 직접 생산하는 물품을 공급하는 경우에는 조합 등을 「중소기업제품 구매촉진 및 판로지원에 관한 법률」 제33조 제1항 각호 외의 부분에 따른 국가와 수의계약의 방법으로 납품계약을 체결할 수 있는 자로 본다.

**농업협동조합법 제59조(유통지원자금의 조성·운용)** ①지역농협은 조합원이나 제112조의2에 따른 조합공동사업법인이 생산한 농산물 및 그 가공품 등의 유통을 지원하기 위하여 유통지원자금을 조성·운용할 수 있다. ②제1항에 따른 유통지원자금은 다음 각호의 사업에 운용한다.

1. 농산물의 계약재배사업
2. 농산물 및 그 가공품의 출하조절사업

3. 농산물의 공동규격 출하촉진사업

4. 매취買取 사업

5. 그 밖에 지역농협이 필요하다고 인정하는 유통 관련 사업

③국가 · 지방자치단체 및 중앙회는 예산의 범위에서 제1항에 따른 유통지원자금의 조성을 지원할 수 있다.

**농업협동조합법 제76조(합병 지원)** 국가와 중앙회는 지역농협의 합병을 촉진하기 위하여 필요하다고 인정되면 예산의 범위에서 자금을 지원할 수 있다.

**농업협동조합법 제156조(상환에 대한 국가 보증)** 농업금융채권은 그 원리금 상환을 국가가 전액 보증할 수 있다.

농업협동조합법 제83조(파산선고) 지역농협이 그 채무를 다 갚을 수 없게 되면 법원은 조합장이나 채권자의 청구에 의하여 또는 직권으로 파산을 선고할 수 있다.

## 제9절  지역농협의 사업

농업협동조합법 제57조에 의한 지역농협의 사업은 다음과 같다.

### 1. 교육 · 지원 사업

1) 조합원이 생산한 농산물의 공동출하와 판매를 위한 교육 · 지원

2) 농업 생산의 증진과 경영능력의 향상을 위한 상담 및 교육훈련

3) 농업 및 농촌생활 관련 정보의 수집 및 제공

4) 주거 및 생활환경 개선과 문화 향상을 위한 교육 · 지원

5) 도시와의 교류 촉진을 위한 사업

6) 신품종의 개발, 보급 및 농업기술의 확산을 위한 시범포示範圃, 육묘장育苗場, 연구소의 운영

7) 농촌 및 농업인의 정보화 지원

8) 귀농인 · 귀촌인의 농업경영 및 농촌생활 정착을 위한 교육 · 지원

9) 그 밖에 사업 수행과 관련한 교육 및 홍보


2. 경제사업


1) 조합원이 생산하는 농산물의 제조 · 가공 · 판매 · 수출 등의 사업

2) 조합원이 생산한 농산물의 유통 조절 및 비축사업

3) 조합원의 사업과 생활에 필요한 물자의 구입 · 제조 · 가공 · 공급 등의 사업

4) 조합원의 사업이나 생활에 필요한 공동이용시설의 운영 및 기자재의 임대사업

5) 조합원의 노동력이나 농촌의 부존자원賦存資源을 활용한 가공사업 · 관광사업 등 농외소득農外所得 증대사업

6) 농지의 매매 · 임대차 · 교환의 중개

7) 위탁영농사업

8) 농업 노동력의 알선 및 제공

9) 농촌형 주택 보급 등 농촌주택사업

10) 보관사업

11) 조합원과 출자법인의 경제사업의 조성, 지원 및 지도

## 3. 신용사업

1) 조합원의 예금과 적금의 수입受入

2) 조합원에게 필요한 자금의 대출

3) 내국환

4) 어음할인

5) 국가 · 공공단체 및 금융기관의 업무 대리

6) 조합원을 위한 유가증권 · 귀금속 · 중요물품의 보관 등 보호예수保護預受 업무

7) 공과금, 관리비 등의 수납 및 지급대행

8) 수입인지, 복권, 상품권의 판매대행

## 4. 복지후생사업

1) 복지시설의 설치 및 관리

2) 장제葬祭사업

3) 의료지원 사업

## 5. 기타

1) 다른 경제단체 · 사회단체 및 문화단체와의 교류 · 협력

2) 국가, 공공단체, 중앙회, 농협경제지주회사 및 그 자회사, 제161조의11에 따른 농협은행(이하 "농협은행"이라 한다) 또는 다른 조합이 위탁하는 사업

3) 다른 법령에서 지역농협의 사업으로 규정하는 사업

4) 사업과 관련되는 부대사업

5) 그 밖에 설립 목적의 달성에 필요한 사업으로서 농림축산식품부장관의 승인을 받은 사업

## 제10절 농협 운영의 공개

농협은 구성원들과 합의하여 운영되는 조직으로서 경영과 관리는 민주적이고 투명하여야 할 것이다. 이에 따라 운영공개는 정기적으로 이루어져야 한다고 본다. 상황에 따라서는 수시로 공개되어야 한다. 관련법 조항은 다음과 같다.

**농업협동조합법 제65조(운영의 공개)** ①조합장은 정관으로 정하는 바에 따라 사업보고서를 작성하여 그 운영 상황을 공개하여야 한다.

②조합장은 정관, 총회의 의사록 및 조합원 명부를 주된 사무소에 갖추어 두어야 한다.

③조합원과 지역농협의 채권자는 영업시간 내에 언제든지 이사회 의사록(조합원의 경우에만 해당한다)과 제2항에 따른 서류를 열람

하거나 그 서류의 사본 발급을 청구할 수 있다. 이 경우 지역농협이 정한 비용을 지급하여야 한다.

④조합원은 조합원 100인이나 100분의 3 이상의 동의를 받아 지역농협의 회계장부 및 서류의 열람이나 사본의 발급을 청구할 수 있다.

⑤지역농협은 제4항의 청구에 대하여 특별한 사유가 없으면 발급을 거부할 수 없으며, 거부하려면 그 사유를 서면으로 알려야 한다.

⑥조합원은 지역농협의 업무 집행에 관하여 부정행위 또는 법령이나 정관을 위반한 중대한 사실이 있다고 의심이 되는 사유가 있으면 조합원 100인이나 100분의 3 이상의 동의를 받아 지역농협의 업무와 재산 상태를 조사하게 하기 위하여 법원에 검사인의 선임을 청구할 수 있다. 이 경우 「상법」 제467조를 준용한다.


## 제11절 농협관련법

농협을 운영하고 관리·통제하기 위해서는 농협관련법을 이해하고 있어야 한다. 법의 적용에 있어서도 먼저 법적용 체계를 알아야 한다. 법해석에 있어서 상위법은 하위 법에 우선한다. 법적용에 있어 특별법과 신법 우선의 원칙이 있다. 신법우선원칙이란 기존의 구법보다 최근에 변경된 신법을 적용해야 한다는 것이다.

법적용에 있어서 법률불소급의 원칙이 있다. 기본적으로 법률의 적용은 행위당시의 법률에 의하여야 한다는 원칙이다. 법률불소급의 원칙은 모든 사람이 법을 적용 받는 데 있어 불이익을 당하면 안

된다는 것이다. 다만, 행위 시의 법률적용일지라도 재판 시에 그 법률이 당사자에 대하여 유리하게 변경된 경우에는 신법우선의 원칙을 적용할 수 있다.

농업협동조합법은 형식적 의미의 법이고 성문의 법률이다. 그리고 협의의 개념이다.

실질적 의미의 농협 관련법이란 농협의 운영과 관련된 제반 법이나 규정을 말한다. 따라서 광의의 개념이다. 이에는 헌법, 농업협동조합법, 시행령, 시행규칙, 조례, 자치규범 등이 있다. 그 밖에 민법, 상법, 은행법 등이 있으며 열거되지 아니한 법이나 규정도 농협 운영과 관련이 되면 적용가능 하다.

법 적용에는 불문법이 존재한다. 불문법에는 관습법, 판례, 조리가 있다.

관습법이란 오랜 관행이 법적 확신을 얻게 되는 것을 말한다.

판례란 법원의 판결에서 얻어지는 이론이나 법칙 등의 판단이다. 대법원의 판례는 하급심에 대해 사실상 구속력을 가지므로 농협에 관련된 대법원의 판례는 다른 변경이 없는 한 법원으로 존재하게 된다.

조리란 사물의 본질적 법칙이나 사물의 도리를 말한다. 민법 제1조에 법률·관습법이 모두 없을 때에는 조리에 의하도록 하고 있으므로 농협에 관련된 조리는 법원으로 인정된다고 본다.

참고로 사회법이 있다. 사회법이란 국가가 사적인 영역에 개입하여 규제를 가할 수 있도록 한 법이다. 사회법의 종류에는 노동법, 사회보장법, 경제법, 환경법 등이 있다. 사회법은 사적자치의 원칙에 일정한 수정을 가한다는 특징이 있다. 사회법은 공법과 사법의 중

간영역 또는 제3의 영역이라 볼 수 있다.

농협에 관련한 법 적용 순위는 헌법, 특별법(농업협동조합법, 은행법), 일반법(민법), 자치규범 등이다.

법 적용에 있어 다툼이 있을 경우, 관계부처에 유권해석을 요청할 수 있다. 급한 상황일 경우에는 법률전문가나 농협법률고문 등에게 자문을 구할 수 있다. 자문내용은 서류형식으로 갖추어 놓으면 유용하게 활용할 수 있다.

농협에 관련된 관계법 순서대로 그 내용을 알아보자.

## 1. 헌법

우리나라 법규범 중 최상위의 법이다. 농업협동조합법의 제정 근거 조항으로는 헌법 제119조와 제123조를 들 수 있다.

**제119조** ①대한민국의 경제 질서는 개인과 기업의 경제상의 자유와 창의를 존중함을 기본으로 한다.

②국가는 균형 있는 국민경제의 성장 및 안정과 적정한 소득의 분배를 유지하고, 시장의 지배와 경제력의 남용을 방지하며, 경제주체간의 조화를 통한 경제의 민주화를 위하여 경제에 관한 규제와 조정을 할 수 있다.

**제123조** ①국가는 농업 및 어업을 보호 · 육성하기 위하여 농 · 어촌종합개발과 그 지원 등 필요한 계획을 수립 · 시행하여야 한다.

②국가는 지역 간의 균형 있는 발전을 위하여 지역경제를 육성할

의무를 진다.

③국가는 중소기업을 보호·육성하여야 한다.

④국가는 농수산물의 수급균형과 유통구조의 개선에 노력하여 가격안정을 도모함으로써 농·어민의 이익을 보호한다.

⑤국가는 농·어민과 중소기업의 자조조직을 육성하여야 하며, 그 자율적 활동과 발전을 보장한다.

## 2. 농업협동조합법

국회에서 제정한 법으로 법률이라 칭한다. 농협협동조합법은 1999. 9. 7. 제정되었다. 농협의 근간법이다.

법에는 사람, 장소, 상항 따위에 특별한 제한이 없이 널리 일반적으로 적용되는 일반법一般法과 특정한 지역이나 사람과 사안에 한해서 적용되는 특별법特別法이 있다. 일반법과 특별법에 있어, 특별법 우선적용의 원칙이 있다. 농업협동조합법은 특별법으로 농협에 관하여서는 우선적용 되어야 한다. 이 법에 없다고 일을 처리 안 할 수는 없으므로 이때는 관련되는 다른 법을 적용한다. 농협에서 많이 적용되는 기타 법은 민법이나 은행법, 상법 등이 있다. 경우에 따라서는 그에 합당한 다른 모든 법 적용이 가능하다고 본다.

농업협동조합법은 조직에 관한 사항이 주를 이루므로 조직법의 범위로 볼 수 있다.

## 3. 농업협동조합법 시행령

시행령은 법률을 토대로 대통령이 발하는 명령이다. 농업협동조합법에서 위임된 사항과 그 시행에 필요한 사항을 규정함을 목적으로 한다.

## 4. 농업협동조합법 시행규칙

농림축산식품부장관이 발하는 명령으로 부령이라 칭한다. 이 규칙은 「농업협동조합법」 및 같은 법 시행령에서 위임된 사항과 그 시행에 필요한 사항을 규정함을 목적으로 한다.

## 5. 자치규범

자치규범이란 농협의 업무를 처리하기 위하여 내부 규율을 정하는 규범을 말한다. 자치규범은 제·개정권이 당해 농협에 있다.

자치규범은 내규 또는 내부규범이라 불리어지며, 대외적으로는 효력이 없고 농협내부에서만 적용되는 규범이다. 자치규범은 상위 규범을 위반하여 만들 수 없다. 외규의 효력은 제규정에 우선한다(제규정관리규정 제9조 제4항). 여기에서 외규라 함은 계속적 구속력을 가지는 성문화된 외부제정의 규범으로서 법령, 법령에 의하여 발하는 행정처분, 금융감독위원회 등에서 발하는 규정 및 지시 등을 말한다(제규정관리규정 제3조 제2호).

자치규범은 정관이 최상위 규범이고 규약, 규정, 준칙, 업무방법 순으로 효력이 있다(제규정관리규정 제9조 제1항). 상위 제규정에 저촉하는 하위 제규정의 조항은 그 효력을 상실한다(제규정관리규정 제9조 제2항). 확정된 제규정은 조합장이 시달한다(제규정관리규정 제10조). 제규정의 효력발생은 제정·개폐권자의 의결 또는 결재일로부터 그 효력이 발생한다. 제규정의 부칙에서 따로 정하는 경우에는 그에 따른다(제규정관리규정 제11조). 제규정은 전무 또는 상무가 관리한다(제규정관리규정 제12조).

여기에서 제규정이라 함은 계속적 구속력을 가지는 성문화된 내부규범으로서 규약·규정·준칙·업무방법을 말한다(제규정관리규정 제3조 제1호).

농협중앙회 회장은 농업협동조합법에서 정하는 바에 따라 회원을 지도하며 이에 필요한 규정이나 지침 등을 정할 수 있다.

농협중앙회장은 회원(지역농협)의 경영 상태 및 회원의 정관으로 정하는 경제사업 기준에 대하여 그 이행 현황을 평가하고, 그 결과에 따라 그 회원에게 경영 개선 요구, 합병 권고 등의 필요한 조치를 하여야 한다. 이 경우 조합장은 그 사실을 지체 없이 공고하고 서면으로 조합원에게 알려야 하며, 조치 결과를 조합의 이사회 및 총회에 보고하여야 한다.

농협중앙회 회장은 회원(지역농협)의 건전한 업무수행과 조합원이나 제3자의 보호를 위하여 필요하다고 인정하면 해당 업무에 관하여 다음 각호의 처분을 농림축산식품부장관에게 요청할 수 있다(농업협동조합법 제142조).

1) 정관의 변경
2) 업무의 전부 또는 일부의 정지
3) 재산의 공탁 · 처분의 금지

4) 그 밖에 필요한 처분

조합 제규정의 제정·개폐 및 관리에 관한 사항은 중앙회장이 정하는 바에 의한다.

농협중앙회가 시달한 제규정과 달리 정하고자 할 경우에는 농협중앙회 입안부서의 장에게 변경 승인을 신청하여야 한다(제규정관리규정 제8조 제1항),

농협중앙회가 시달한 제규정은 당해 모범안대로 하거나 조합실정에 맞게 자유로이 변경하여 본 조합의 제규정으로 정할 수 있다(제규정관리규정 제8조 제2항).

## 가. 정관

정관은 법인의 조직이나 활동 등에 관하여 기본적인 사항을 정한 근본규범이라는 점에서 볼 때는 실질적 의미의 정관이고 이를 명시한 서면은 형식적 의미의 정관이라 볼 수 있다. 내부법인(조합)의 최고 규범이기도 하다. 정관의 작성은 법인 설립의 필수조건이므로 법인이 존속하는 한 정관도 존속한다. 따라서 정관은 지역농협의 성립요건이자 존속요건이기도 하다.

지역농협의 정관에 포함할 사항은 다음과 같다(농업협동조합법 제16조).

(1) 목적
(2) 명칭

(3) 구역

(4) 주된 사무소의 소재지

(5) 조합원의 자격과 가입, 탈퇴 및 제명除名에 관한 사항

(6) 출자出資 1좌座의 금액과 조합원의 출자좌수 한도 및 납입 방법과 지분 계산에 관한 사항

(7) 우선출자에 관한 사항

(8) 경비 부과와 과태금過怠金의 징수에 관한 사항

(9) 적립금의 종류와 적립 방법에 관한 사항

(10) 잉여금의 처분과 손실금의 처리 방법에 관한 사항

(11) 회계연도와 회계에 관한 사항

(12) 사업의 종류와 그 집행에 관한 사항

(13) 총회나 그 밖의 의결기관과 임원의 정수, 선출 및 해임에 관한 사항

(14) 간부직원의 임면에 관한 사항

(15) 공고의 방법에 관한 사항

(16) 존립 시기 또는 해산의 사유를 정한 경우에는 그 시기 또는 사유

(17) 설립 후 현물출자를 약정한 경우에는 그 출자 재산의 명칭, 수량, 가격, 출자자의 성명·주소와 현금출자 전환 및 환매특약 조건

(18) 설립 후 양수를 약정한 재산이 있는 경우에는 그 재산의 명칭, 수량, 가격과 양도인의 성명·주소

(19) 그 밖에 이 법에서 정관으로 정하도록 한 사항

## ■ 정관의 변경

법인의 동일성은 유지하면서 정관의 일부 내용을 변경하는 것을 말한다. 정관의 변경은 총회의 의결을 거쳐야 한다. 이때 의결 정족 수는 구성원 과반수의 출석과 출석조합원 3분의 2이상의 찬성으로 한다(농업협동조합법 제38조).

정관의 변경은 농림축산식품부장관의 인가를 받지 아니하면 효력을 발생하지 아니한다. 다만, 농림축산식품부장관이 정하여 고시한 정관례에 따라 변경하는 경우에는 인가 받을 필요가 없다(농업협동 조합법 제35조).

### 나. 규약

규약이란 정관시행에 필요한 사항에 대하여 총회의 의결을 거쳐 정한 규범이다. 규약은 이사회의 의결로 정한 규정보다 상위의 규 범이다.

규약의 제정·개폐에 관한 사항은 대의원회의 의결을 얻어야 한다 (제규정관리규정 제4조).

### ■ 규약으로 정하는 사항

1) 대의원회 운영에 관한 사항
2) 기타 정관의 시행에 관하여 중요한 사항

## 다. 규정

규정이란 규약 등 상위규범에서 위임한 사항이나 업무시행에 필요한 사항을 정한 자치규범이다. 규정은 이사회의 의결을 거쳐 만들어진다(제규정관리규정 제5조).

## 라. 준칙

준칙이란 규정 등 상위규범에서 위임된 사항이나 시행을 위하여 필요한 사항에 대하여 조합장과 상임이사가 정한 자치규범이다.
조합장(상임이사의 정해진 직무의 범위 안에서는 상임이사)의 결재로 확정한다(제규정관리규정 제6조).

## 마. 업무방법

업무방법이란 준칙이나 상위규범에서 위임한 사항과 그 시행에 필요한 업무절차나 방법 등에 관하여 만든 업무처리요령이다.
업무방법의 제정·개폐에 관한 사항은 조합장의 결재로 확정한다(제규정관리규정 제7조).

## 6. 농협에 관한 다른 법률의 적용 배제 및 준용
### (농업협동조합법 제12조)

조합과 중앙회의 사업에 대하여는 「양곡관리법」 제19조, 「여객자

동차 운수사업법」 제4조 · 제8조 및 제81조, 「화물자동차 운수사업법」 제56조 및 「공인중개사법」 제9조를 적용하지 아니한다.

즉 지역농협은 등록 없이 부동산 중개업을 할 수 있다.

농업협동조합법 제112조의3에 따른 조합공동사업법인 및 동법 제138조에 따른 품목조합연합회의 사업에 대하여는 「양곡관리법」 제19조 및 「화물자동차 운수사업법」 제56조를 적용하지 아니한다.

중앙회가 「조세특례제한법」 제106조의2에 따라 조세를 면제받거나 그 세액을 감액 받는 농업용 석유류를 조합에 공급하는 사업에 대하여는 「석유 및 석유대체연료 사업법」 제10조를 적용하지 아니한다.

즉 지역농협은 석유판매업 등록이 없이 석유류를 판매할 수 있다.

조합의 보관사업에 대하여는 「상법」 제155조부터 제168조까지의 규정을 준용한다.

농업협동조합법 제161조의10에 따른 농협금융지주회사 및 그 자회사(손자회사 · 증손회사 · 증손회사 이하의 단계로 수직적으로 출자하여 다른 회사를 지배하는 경우를 포함)에 대하여는 「독점규제 및 공정거래에 관한 법률」 제25조제1항을 적용하지 아니한다. 다만, 농협금융지주회사 및 그 자회사가 아닌 중앙회 계열회사의 주식을 보유하는 경우 그 주식에 대하여는 그러하지 아니하다.

농협금융지주회사 및 그 자회사에 대하여는 「독점규제 및 공정거래에 관한 법률」 제26조를 적용하지 아니한다.

중앙회 계열회사가 「독점규제 및 공정거래에 관한 법률」 외의 다른 법률에서 「독점규제 및 공정거래에 관한 법률」 제31조에 따라 상호출자제한기업집단으로 지정됨에 따른 제한을 받는 경우 중앙회 계열회사는 상호출자제한 기업집단에 포함되지 아니하는 것으로 본다. 다만, 다음 각호의 어느 하나에 해당하는 법률에서는 중앙회 계열회사(제4호의 경우에는 농협금융지주회사 및 그 자회사를 제외한 중앙회 계열회사로 한정한다)도 상호출자제한 기업집단에 속하는 것으로 본다.

(1) 「방송법」
(2) 「소프트웨어 진흥법」
(3) 「상속세 및 증여세법」
(4) 「자본시장과 금융투자업에 관한 법률」

농협경제지주회사 및 그 자회사(손자회사를 포함)가 중앙회, 조합 등(조합의 조합원을 포함)과 농업협동조합법 제161조의4 제2항에서 정하는 사업을 수행하는 경우 그 목적 달성을 위하여 필요한 행위에 대하여는 「독점규제 및 공정거래에 관한 법률」 제40조 제1항을 적용하지 아니한다. 다만, 그 행위의 당사자에 농협경제지주회사 및 그 자회사, 중앙회, 조합 외의 자가 포함된 경우와 해당 행위가 일정한 거래 분야의 경쟁을 실질적으로 제한하여 소비자의 이익을 침해하는 경우에는 그러하지 아니하다.

　농협경제지주회사 및 그 자회사가 농업인의 권익향상을 위하여
사전에 공개한 합리적 기준에 따라 조합 등에 대하여 수행하는 다
음 각호의 행위에 대하여는 「독점규제 및 공정거래에 관한 법률」 제
45조 제1항 제9호를 적용하지 아니한다. 다만, 해당 행위가 일정한
거래 분야의 경쟁을 실질적으로 제한하여 소비자의 이익을 침해하
는 경우에는 그러하지 아니하다.

　(1) 조합 등의 경제사업의 조성, 지원 및 지도
　(2) 조합 등에 대한 자금지원

# 제2장

# 조합원과 준조합원

# 제2장 조합원과 준조합원

조합원은 조합의 기초적인 인적 구성원으로 조합원이 없다면 조합은 성립될 수 없다. 조합원은 가입 자유의 원칙이 있다. 종교, 성별, 신분, 연령, 국적 등에 차별받지 않는다. 그러나 법과 자체규정인 정관에 따라 기본적인 일정한 자격은 요구된다.

## 제1절 조합원

### 1. 조합원의 자격

### 가. 주소나 거소

조합원은 지역농협의 구역에 주소, 거소居所나 사업장이 있는 농업인이어야 하며, 둘 이상의 지역농협에 가입할 수 없다(농업협동조합법 제19조 제1항).

「농어업경영체 육성 및 지원에 관한 법률」 제16조 및 제19조에 따른 영농조합법인과 농업회사법인으로서 그 주된 사무소를 지역농협의 구역에 두고 농업을 경영하는 법인은 지역농협의 조합원이 될 수 있다(농업협동조합법 제19조 제2항).

특별시 또는 광역시의 자치구를 구역의 전부 또는 일부로 하는 품목조합은 해당 자치구를 구역으로 하는 지역농협의 조합원이 될 수 있다(농업협동조합법 제19조 제3항).

지역농협이 정관으로 구역을 변경하는 경우 기존의 조합원은 변경된 구역에 주소, 거소나 사업장, 주된 사무소가 없더라도 조합원의 자격을 계속하여 유지한다. 다만, 정관으로 구역을 변경하기 이전의 구역 외로 주소, 거소나 사업장, 주된 사무소가 이전된 경우에는 그러하지 아니하다(농업협동조합법 제19조 제5항).

### 나. 지역농업협동조합의 조합원 자격
(농업협동조합법 제19조 제4항에 따른 시행령 제4조)

(1) 1천제곱미터 이상의 농지를 경영하거나 경작하는 자

(2) 1년 중 90일 이상 농업에 종사하는 자

(3) 누에씨 0.5상자(2만립粒 기준 상자)분 이상의 누에를 사육하는 자

(4) 별표 1에 따른 기준 이상의 가축을 사육하는 자와 그 밖에 「축산법」 제2조 제1호에 따른 가축으로서 농림축산식품부장관이 정하여 고시하는 기준 이상을 사육하는 자

(5) 농지에서 330제곱미터 이상의 시설을 설치하고 원예작물을 재배하는 자

(6) 660제곱미터 이상의 농지에서 채소·과수 또는 화훼를 재배하는 자

# ■ 조합원 자격의 한시 인정

지역농협의 이사회는 농업협동조합법시행령 제4조 제1항에도 불구하고 제1항 각호의 자가 다음 각호의 어느 하나에 해당하는 경우, 조합원의 자격요건인 농업인으로 인정할 수 있다. 이 경우 그 인정 기간은 다음 각호의 사유가 발생한 날부터 1년을 초과할 수 없다.

1. 농업협동조합법시행령 제4조 제1항 제1호 또는 제3호부터 제6호까지의 규정에 따른 농지 또는 농업·축산업 경영에 사용되는 토지·건물 등의 수용이나 일시적인 매매로 제1항 제1호 또는 제3호부터 제6호까지의 요건을 갖추지 못하게 된 경우

2. 농업협동조합법시행령 제4조 제1항 제3호 또는 제4호에 따른 누에나 가축의 일시적인 매매 또는 「가축전염병 예방법」 제20조에 따른 가축의 살처분으로 제1항 제3호 또는 제4호의 요건을 갖추지 못하게 된 경우

3. 그 밖에 천재지변 등 불가피한 사유로 농업협동조합법시행령 제4조 제1항 각호의 요건을 일시적으로 충족하지 못하게 된 경우

농업협동조합법시행령 제4조 제1항 및 제2항에 해당하는지를 확인하는 방법·기준 등에 관하여 필요한 사항은 농림축산식품부장관이 정하여 고시한다.

■ 지역농업협동조합 조합원 가축사육 기준(별표 1)

| 구분 | 가축의 종류 | 사육기준 |
|---|---|---|
| 대가축 | 소, 말, 노새, 당나귀 | 2마리 |
| 중가축 | 돼지(젖먹이 새끼돼지는 제외), 염소, 면양, 사슴, 개 | 5마리(개의 경우는 20마리) |
| 소가축 | 토끼 | 50마리 |
| 가금 | 닭, 오리, 칠면조, 거위 | 100마리 |
| 기타 | 꿀벌 | 10군 |

## 2. 가입신청

조합원의 가입에는 일반(통상, 원시)가입과 특별가입이 있다. 특별가입에는 지분양수와 지분상속에 의한 가입에 있다.

### 가. 조합 가입신청서 작성 제출

조합원·준조합원 또는 회원의 자격을 가진 자가 조합 등 또는 중앙회에 가입하려는 경우에는 가입신청서를 해당 조합장, 대표이사, 품목조합연합회장 또는 중앙회의 회장에게 제출하여야 한다.

조합원으로 조합에 가입하려는 경우에는 조합 가입신청서에 다음 사항을 적어야 한다(농업협동조합법시행규칙 제5조 제1항, 제2항).

1) 성명, 주민등록번호 및 주소(법인인 경우에는 명칭, 법인등록번호, 소재지와 대표자의 성명, 생년월일 및 주소를 말한다)

2) 가구원家口員 수(법인인 경우에는 구성원 수를 말한다)

3) 인수하려는 출자좌수出資座數

4) 경작면적 및 주主 작물 명 또는 사육하는 가축의 종류와 수(품목조합이 조합원으로 가입하는 경우에는 품목 또는 업종을 말한다)

5) 농업종사일수(품목조합이 조합원으로 가입하는 경우는 제외한다)

6) 다른 조합에의 가입 여부와 그 조합과의 관계

7) 농업협동조합법 제24조 제2항에 따른 사업 성실 이용 준수서약

※ **농업협동조합법 제24조(조합원의 책임)** ②조합원은 지역농협의 운영과정에 성실히 참여하여야 하며, 생산한 농산물을 지역농협을 통하여 출하出荷하는 등 그 사업을 성실히 이용하여야 한다.

■ 조합공동사업법인, 품목조합연합회 또는 중앙회에의 가입신청서에는 다음 각호의 서류를 첨부하여야 한다.(농업협동조합법시행규칙 제5조 제3항)

1) 회원의 자격을 가진 자(이하 이 항에서 '법인'이라 한다)의 등기부 등본

2) 정관

3) 인수하려는 출자좌수를 적은 서면

4) 가입을 의결한 해당 법인의 총회의사록(이사회의 의결이 필요한 경우에는 이사회의사록을 말한다)

5) 대차대조표

## 나. 법인의 가입신청서

법인이 농협 조합원으로 가입하려 할 경우에 가입신청서 작성내용은 다음과 같다(지역농업협동조합정관례 제10조 제2항).

1) 법인의 명칭·법인등록번호·주된 사무소의 소재지, 대표자의 성명·생년월일 및 주소
2) 구성원 수
3) 인수하고자 하는 출자좌수
4) 주된 사업의 종류
5) 조합운영 참여 및 사업이용 동의
6) 붙임서류 : 법인정관, 가입을 의결한 총회의사록, 사업계획서, 재무상태표, 손익계산서

## 3. 특별 가입

### 가. 지분양수 가입

조합원은 조합의 승인을 받아 타인에게 본인의 지분을 양도할 수 있다. 양도자가 비조합원일 경우에는 신규가입절차를 거쳐 조합원이 되었을 때 지분양수에 관하여 권리의무를 승계한다(농업협동조합법 제23조).

### 나. 지분상속 가입

조합원의 사망으로 인하여 사망자의 지분을 상속받는 형식으로 출자금액을 승계 받는 경우이다. 지분을 승계 받으려면 현재 조합원이거나 조합원 가입을 신청하여 가입승낙을 받은 경우에 피상속인으로서 출자를 승계하여 조합원이 될 수 있다(농업협동조합법 제28조 제5항).

## 4. 조합원의 자격심사

조합원 가입신청서가 접수되면 자격심사와 가입승낙은 해당조합 이사회에서 이행한다. 이사회는 가입신청을 한 자가 관계법이나 정관 등의 관계규정에서 정한 자격요건을 갖추었는지에 대해 심사한다. 자격심사결과 가입자격에 하자가 없는 경우, 정당한 사유 없이 가입을 거절할 수 없다(농업협동조합법 제43조 제3항 제1호).

## 5. 출자

### 가. 출자 의무

조합원은 정관으로 정하는 좌수 이상을 출자하여야 조합원으로 인정된다.
다(농업협동조합법 제21조).

## 나. 출자금액 및 조건(지역농업협동조합정관례 제18조)

1) 출자 1좌의 금액은 5,000원이다.

2) 기본 출자금액으로 일반조합원은 20좌 이상, 법인조합원은 100좌 이상으로 한다.

3) 조합원은 1인 1만좌를 초과하지 못한다. 다만, 조합 총 출자좌 수의 100분의 10 이내에서는 가능하다.

3) 조합원의 출자액은 질권質權의 목적이 될 수 없다(농업협동조 합법 제21조 제4항).

※ 질권質權 : 채권자가 채권에 대한 담보로 받은 물건을 채무자가 돈을 갚을 때까지 간직하거나, 돈을 갚지 않을 때는 그 물건으로 우 선적으로 변제받을 수 있는 권리.

4) 조합원은 출자금의 납입 시 지역농협에 대한 채권과 상계相計 할 수 없다(농업협동조합법 제21조 제5항).

5) 출자 1좌의 금액과 조합원의 출자좌수 한도 및 납입방법과 지 분계산에 관한 사항은 정관에 명시하도록 되어 있다. 따라서 이를 변경하고자 할 때는 총회(대의원회)의 의결 등 일정한 정관 변경 절 차를 거쳐야 한다.

## 다. 납부 방법

출자금의 납부는 일시불이 원칙이다. 다만 불가피한 경우에는 2 회로 나누어 납입할 수 있다. 이때 출자 제1회의 납입금액은 출자금 액의 2분의 1로 하고 제2회 납입기한은 6개월 이내로 한다. 이 기간 중 배당금이 발생한 경우 제2회 출자금에 충당할 수 있다(지역농업협동조합정관례 제19조).

## 6. 조합원의 권리

법인과 구성원 간에는 특별한 법률관계가 이루어진다. 따라서 조합과 조합원 관계에서도 여러 가지 권리의무관계가 존재한다.

여기에서는 크게 공익권과 자익권으로 나누어 보았다. 공익권은 다시 개별공익권(단독조합원권)과 단체공익권(소수조합원권)으로 나누어 보았다.

공익권共益權이란 단체의 목적을 달성하기 위하여 조합원이 조직이나 운영에 참여하는 권리이다. 관리권적인 성격이 강하다.

개별공익권(단독조합원권)에는 의결권, 선거권, 피선거권, 서류열람 및 사본발급청구권, 임시임원선임청구권, 임원직무집행정지 및 직무대행자선임가처분신청권, 각종 소송 제기권 등이 있다.

단체공익권이란 개인적으로는 행사할 수 없고, 일정 수의 동의를 얻어서 행사하는 권리이다. 단체공익권을 소수조합원권이라고도 부른다. 소수는 적은 수란 뜻이며, 상법 제366조(소수주주에 의한 소집청구)에서 소수란 용어를 사용하였다. 농업관련 서적에도 소수조합원권이란 용어로 다루어지고 있다. 여기에는 총회소집청구권, 총회안건 제안권, 회계장부와 서류의 열람 및 사본발급 청구권, 법원에 대한 검사인 선임청구권, 임원해임 요구권, 의결 등의 취소 또는 무효 확인 청구권, 검사청구권, 법원에 대한 임원해임청구권, 유지청구권, 대표소송 제기권 등이 있다.

자익권自益權이란 단체 구성원 개인이 자신의 이익을 위하여 행사하는 사원권의 하나이다. 재산권적인 성격이 강하다.

자익권에는 사업이용권, 잉여금배당 청구권, 지분환급청구권 등이 있다.


## 7. 조합원의 책임과 의무


조합원에 대하여 책임과 의무가 부여되는 것은 농협이 기업체와 다른 특질이라 할 수 있다. 조합은 조합원의 소유이고 조합원에 의하여 통제되며, 조합원이 수익을 창출하는데 적극 협조하여야 하는 경영체이기 때문이다.

조합원이 의무 불이행이나 조합에 손해를 끼치는 등의 불미스러운 일이 발생할 경우에는 제명조치를 할 수 있다(농업협동조합법 제28조, 제30조).

조합원이 제명될 경우, 사업준비금 등의 배당이 없이 출자금만 수령할 수 있으며, 조합의 많은 혜택을 상실할 수 있다(지역농업협동조합정관례 제13조 제1항, 제28조). 제명된 지 2년이 경과되어야 조합원에 재가입이 가능하다(농업협동조합법 제28조 제1항).


### 가. 유한책임제도


조합원의 책임은 출자액 한도로 한다(농업협동조합법 제24조 제1항).

## 나. 사업 성실 참여 책임

조합원은 조합의 운영이나 사업에 적극 협조하여야 하는 성실 참여 책임이 있다(농업협동조합법 제24조 제2항). 책임이면서 의무사항이기도 하다. 조합원 수칙 등을 활용해서라도 조합원들이 결집할 필요가 있다.

## 다. 손실액 부담 책임

탈퇴 조합원이 환급 분을 계산할 때 정관으로 정하는 바에 따라 조합원이 부담하여야 할 손실액을 납부하여야 한다(농업협동조합법 제32조). 책임이면서 의무이기도 하다.

## 라. 출자의 의무

조합원은 정관으로 정하는 좌수 이상을 출자하여야 조합원자격을 가질 수 있다(농업협동조합법 제21조).

## 마. 경비부담의 의무

지역농협은 정관으로 정하는 바에 따라 조합원에게 경비를 부과할 수 있다(농업협동조합법 제25조).

## 바. 과태료의 납부의무

지역농협은 정관으로 정하는 바에 따라 조합원에게 과태료를 부과할 수 있다(농업협동조합법 제25조).

### 사. 통제에 복종할 의무

농협은 조합원들로 구성된 인적단체조직이다. 따라서 단체를 잘 이끌어 가려면 조합원들이 법령이나 정관 등의 제규정 그리고 총회의 의결사항에 대하여 복종하고 따라야만 원만하게 조합운영이 될 수 있다.

## 8. 조합원의 탈퇴

### 가. 자진탈퇴

조합원은 지역농협에 탈퇴 의사를 알리고 탈퇴할 수 있다(농업협동조합법 제29조 제1항).

### 나. 당연탈퇴

조합원이 다음 어느 하나에 해당하면 당연히 탈퇴된다(농업협동조합법 제29조 제2항).

1) 조합원의 자격이 없는 경우

2) 사망한 경우

3) 해산 또는 파산한 경우

4) 성년후견개시의 심판을 받은 경우

※ 성년후견개시의 심판 : 가정법원은 질병, 장애, 노령, 그 밖의 사유로 인한 정신적 제약으로 사무를 처리할 능력이 지속적으로 결여된 사람(예; 식물인간상태에 있는 사람, 중증의 치매증상이 있는 사람, 신체적 장애는 성년후견의 원인이 아님)에 대하여 본인, 배우자, 4촌 이내의 친족, 미성년후견인, 미성년후견감독인, 한정후견인, 한정후견감독인, 특정후견인, 특정후견감독인, 검사 또는 지방자치단체의 장의 청구에 의하여 성년후견개시의 심판을 한다.

5) 조합원인 법인이 해산한 경우

라. 이사회는 조합원의 전부 또는 일부를 대상으로 탈퇴사유 어느 하나에 해당하는지를 확인하여야 한다.


## 9. 조합원의 제명

제명이란 조합이 특정한 사유에 해당하는 조합원을 징계와 같은 의결로 조합원의 지위를 박탈함을 말한다.

이러한 제명으로 인하여 해당 조합원이 일정부분 불이익을 받을 수도 있다.

따라서 제명은 대상과 절차를 준수하여 엄격하게 시행되어야 한다고 본다.

### 가. 제명대상과 사유

지역농협은 조합원이 다음 어느 하나에 해당하면 총회의 의결을 거쳐 제명할 수 있다.(농업협동조합법 제30조).

1) 1년 이상 지역농협의 사업을 이용하지 아니한 경우
2) 2년 이상 경제 사업을 이용하지 아니한 경우. 다만, 정관에서 정하는 정당한 사유가 있는 경우는 제외한다.

■ 정당한 사유

가) 1년 중 90일 이상 농업에 종사하는 자의 자격기준으로 가입한 조합원. 다만, 가족원인 농업종사자는 농업경영주가 제명사유에 해당하지 않는 경우에 한한다.
나) 조합이 취급하지 않는 농산물 또는 축산물을 생산하는 경우
다) 다른 조합 또는 조합공동사업법인의 경제 사업을 이용하는 경우
라) 조합의 실정에 따라 정하는 정당한 사유

3) 출자 및 경비의 납입, 그 밖의 지역농협에 대한 의무를 이행하지 아니한 경우
4) 고의 또는 중대한 과실로 조합에 손실을 끼치거나 조합의 신용을 잃게 한 경우
5) 정관으로 금지한 행위를 한 경우

나. 절차 및 제명대상자의 진술기회 제공

지역농협은 조합원이 "가"(위 사항)의 어느 하나에 해당하면 총회 개회 10일 전까지 그 조합원에게 제명의 사유를 알리고 총회에서 의견을 진술할 기회를 주어야 한다.(농업협동조합법 제30조 제2항).

법에 명시된 사항임으로 의견 진술의 기회는 반드시 주어야 한다.

### 다. 당사자의 의결권 박탈

지역농협과 조합원의 이해가 상반되는 의사議事를 의결할 때에는 해당 조합원은 그 의결에 참여할 수 없다. 따라서 제명 당사자는 의결에 참여할 수 없다(농업협동조합법 제39조 제2항).

**농업협동조합법 제39조(의결권의 제한 등) ②지역농협과 조합원의 이해가 상반되는 의사議事를 의결할 때에는 해당 조합원은 그 의결에 참여할 수 없다.**

### 라. 의결 정족수

조합원의 제명에 관한 사항은 조합원 과반수의 출석과 출석조합원 3분의 2 이상의 찬성으로 의결한다(농업협동조합법 제38조 제1항 단서).

**농업협동조합법 제38조(총회의 개의와 의결) ①총회는 이 법에 다른 규정이 있는 경우를 제외하고는 조합원 과반수의 출석으로 개**

의開議하고 출석조합원 과반수의 찬성으로 의결한다. 다만, 제35조 제1항 제1호부터 제3호까지의 사항은 **조합원 과반수의 출석과 출석조합원 3분의 2 이상의 찬성**으로 의결한다.

### 마. 의결 방법

여러 명의 조합원을 제명 안건으로 상정할 경우, 일괄 상정보다 개인별로 의결하여야 한다. 진술기회 제공과 관련이 있다.

### 바. 제명의 효력발생시기

제명의 효력발생 시기는 총회(대의원회)의 제명의결이 확정된 때이다.

### 사. 지분환급

제명으로 인하여 지분환급청구권과 손실액부담의무 등이 적용된다. 다만, 사업 준비금은 지분환급에서 제외된다(지역농업협동조합 정관례 제13조 제1항 후미 단서).

## 제2절 준조합원

준조합원이란 조합원 외의 자에게도 조합의 사업을 이용하도록 함으로써, 농협에서 운영되는 각종 사업의 실적을 올리고, 경제적 기능을 높이며, 지역사회 발전에도 기여하기 위하여, 조합원에 준한 회원으로 관리하는 것을 말한다.

## 1. 자격

지역농협의 구역에 주소나 거소를 둔 자로서 그 지역농협의 사업을 이용함이 적당하다고 인정되는 자이다(농업협동조합법 제20조).

## 2. 가입

준조합원으로 조합에 가입하려는 경우에는 조합 가입신청서에 다음 사항을 적어야 한다(농업협동조합법시행규칙 제5조).

1) 성명, 주민등록번호 및 주소(법인인 경우에는 명칭, 법인등록 번호, 소재지와 대표자의 성명, 생년월일 및 주소를 말한다)
2) 가구원家口員 수(법인인 경우에는 구성원 수를 말한다)
3) 납입하고자 하는 가입금
4) 다른 조합에의 가입 여부와 그 조합과의 관계

지역농협은 준조합원에 대하여 정관으로 정하는 바에 따라 가입금과 경비를 부담하게 할 수 있다.
준조합원은 정관으로 정하는 바에 따라 지역농협의 사업을 이용할 권리를 가진다.

## 3. 탈퇴

준조합원의 탈퇴에 관한 사항은 조합원 탈퇴에 관한 규정을 준용한다.

조합은 탈퇴한 준조합원의 청구에 따라 가입금을 환급할 수 있다. 지분환급의 청구권은 2년간 행사하지 아니하면 소멸한다(지역농업협동조합정관례 제16조 제3항, 제4항).

## 4. 권리와 의무

### 가. 권리

준조합원은 조합원처럼 많은 권리를 갖는 것이 아니고 단지 사업이용권, 이용고배당청구권, 가입금환급청구권을 가진다(지역농업협동조합정관례 제17조 제1항).

### 나. 의무

조합원은 출자를 아니 하되, 조합의 규정이 정하는 바에 따라 가입금, 경비 및 과태금을 납입하여야 한다(지역농업협동조합정관례 제17조 제2항).

준조합원이 의무를 이행하지 않을 경우 제명의 대상이 될 수 있다.

## 5. 명예조합원

명예조합원이란 준조합원 중 각 조합에서 정한 자격요건에 해당되면 해당 조합으로부터 복지혜택 등을 받을 수 있는 사람을 말한다.

명예조합원 제도는 해당 조합의 조합원이었던 자 중에서 고령으로 영농을 은퇴한 자에게 노후에 있어 삶의 질 향상에 기여하기 위하여 마련된 것이다.

은퇴농업인이 준조합원으로 조합 사업을 계속 이용할 수 있게 하고, 이용고배당 등을 통해 지원할 수 있는 제도이다.

각 조합의 정관을 통하여 이 제도를 자율적으로 도입할 수 있다 (지역농업협동조합정관례 제15조).

### 가. 자격

준조합원 중 조합의 정관으로 정한 요건을 충족하는 사람으로 한다.
조합의 경영상황 등을 고려한다.

### 나. 우대 조건

준조합원의 배당에 있어 명예조합원은 사업이용실적의 항목, 대상, 배점구성 등을 다르게 정할 수 있도록 한다.

# 제3장

# 임원

# 제3장 임원

## 제1절 개설

임원에는 조합장, 이사, 감사, 대의원 등이 있다. 임원은 농협을 이끌어갈 중요한 자리에 위치하고 있다. 농협임원은 농협살림을 잘 이끌어 갈 수 있도록 구심점 역할을 해줘야 한다.

너무 실무진을 믿고 넘어간다면 업무의 누수현상이 발생할 수 있고 이로 인해 자칫하면 조합원들에게 손해를 끼치는 결과는 물론이거니와 조합 존립의 위험을 가져올 수도 있다.

그렇다고 필요 이상으로 간섭하고 실무진에게 부담을 준다면 이 또한 조합발전에 저해가 되는 요소로 작용할 수 있다.

### 1. 임원의 구성

| 구분 | 정수(명) | 비고 |
|------|----------|------|
| 조합장 | 1 | |
| 이사 | 7~25 이하 | 정관으로 정함. 조합장, 상임이사와 사외이사 포함 |
| 감사 | 2 | 자산이 1조원이상일 경우 상임감사 1명을 둠 |
| 대의원 | 50~200 이하 | 정관으로 책정한 정수 |

지역농협에 임원으로서 조합장 1명을 포함한 7명 이상 25명 이하의 이사와 2명의 감사를 두되, 그 정수는 정관으로 정한다. 이 경우 이사의 3분의 2 이상은 조합원이어야 하며, 자산 등 지역농협의 사업규모가 대통령령으로 정하는 기준 이상에 해당하는 경우에는 조합원이 아닌 이사를 1명 이상 두어야 한다.

지역농협은 정관으로 정하는 바에 따라 조합장을 포함한 이사 중 2명 이내를 상임常任으로 할 수 있다. 다만, 조합장을 비상임으로 운영하는 지역농협과 자산 등 사업규모가 대통령령으로 정하는 기준 이상에 해당하는 지역농협에는 조합원이 아닌 이사 중 1명 이상을 상임이사로 두어야 한다.

지역농협은 정관으로 정하는 바에 따라 감사 중 1명을 상임으로 할 수 있다. 다만, 자산 등 사업규모가 대통령령으로 정하는 기준 이상에 해당하는 지역농협에는 조합원이 아닌 상임감사 1명을 두어야 한다.

자산 등 지역농협의 사업규모가 대통령령으로 정하는 기준 이상에 해당하는 경우에는 조합장을 비상임으로 한다(농업협동조합법 제45조).


## 2. 임기

| 구분 | 임기(년) | 비고 |
|---|---|---|
| 조합장 | 4 | |
| 이사 | 4 | 단, 상임이사 2년, 사외이사 2년 |
| 감사 | 3 | |
| 대의원 | 2 | |

## 3. 임직원의 겸직 금지

### 가. 겸직 금지 내용(농업협동조합법 제52조)

1) 조합장과 이사는 그 지역농협의 감사를 겸직할 수 없다.

2) 지역농협의 임원은 그 지역농협의 직원을 겸직할 수 없다.

3) 지역농협의 임원은 다른 조합의 임원이나 직원을 겸직할 수 없다.

**4) 지역농협의 사업과 실질적으로 경쟁관계에 있는 사업을 경영하거나 이에 종사하는 사람은 지역농협의 임직원 및 대의원이 될 수 없다.**

5) "4)항"에 따른 실질적인 경쟁관계에 있는 사업의 범위는 대통령령으로 정한다.

■ 실질적인 경쟁관계에 있는 사업의 범위

**농업협동조합법시행령 제5조의4(실질적인 경쟁관계에 있는 사업의 범위)** ①법 제52조제5항(법 제107조, 제112조, 제112조의11 및 제161조에서 준용하는 경우를 포함한다)에 따른 실질적인 경쟁관계에 있는 사업의 범위는 별표 2의 사업으로 하되, 해당 조합, 법 제112조의3에 따른 조합공동사업법인 및 중앙회가 수행하고 있는 사업에 해당하는 경우로 한정한다.

②제1항에도 불구하고 조합 · 조합공동사업법인 및 중앙회가 사업을 위하여 출자한 법인이 수행하고 있는 사업은 실질적인 경쟁관계에 있는 사업으로 보지 아니한다.

## ■ 농업협동조합법 시행령

**실질적인 경쟁관계에 있는 사업의 범위**(제5조의4제1항 관련)

1. 「금융위원회의 설치 등에 관한 법률」에 따른 검사대상기관이 수행하는 사업

2. 「수산업협동조합법」에 따른 지구별수산업협동조합, 업종별수산업협동조합 및 수산물가공수산업협동조합이 수행하는 사업

3. 「산림조합법」에 따른 지역산림조합, 품목별·업종별산림조합 및 산림조합중앙회가 수행하는 사업

4. 「새마을금고법」에 따른 금고 및 새마을금고연합회가 수행하는 사업

5. 「우체국 예금·보험에 관한 법률」에 따른 체신관서가 수행하는 사업

6. 「보험업법」에 따른 보험대리점·보험설계사 및 보험중개사가 수행하는 사업

7. 「대부업의 등록 및 금융이용자 보호에 관한 법률」에 따른 대부업, 대부중개업 및 그 협회가 수행하는 사업

8. 「비료관리법」에 따른 비료업

9. 「농약관리법」에 따른 농약판매업

10. 「조세특례제한법」에 따라 부가가치세 영세율이 적용되는 농업용·축산업용 기자재를 농업인에게 직접 공급하는 자가 수행하는 사업

11. 「석유 및 석유대체연료 사업법」에 따른 석유판매업

12. 「사료관리법」에 따른 사료의 제조업 및 판매업

13. 「종자산업법」에 따른 종자업

14. 「양곡관리법」에 따른 양곡매매업 및 양곡가공업

15. 「축산물위생관리법」에 따라 영업의 허가를 받은 자 또는 신고한 자가 수행하는 사업

16. 「인삼산업법」에 따른 인삼류제조업

17. 「장사 등에 관한 법률」에 따른 장례식장영업

18. 그 밖에 이사회가 조합, 조합공동사업법인 및 중앙회가 수행하는 사업과 실질적인 경쟁관계에 있다고 인정한 자가 수행하는 사업

6) 조합장과 이사는 이사회의 승인을 받지 아니하고는 자기 또는 제3자의 계산으로 해당 지역농협과 정관으로 정하는 규모 이상의 거래를 할 수 없다.

## 4. 임원의 의무와 책임(농업협동조합법 제53조)

1) 지역농협의 임원은 법에 따른 명령 및 정관의 규정을 지켜 충실히 그 직무를 수행하여야 한다.

2) 임원이 그 직무를 수행할 때 법령이나 정관을 위반한 행위를 하거나 그 임무를 게을리 하여 지역농협에 끼친 손해에 대하여는 연대하여 손해배상의 책임을 진다.

3) 임원이 그 직무를 수행할 때 고의나 중대한 과실로 제3자에게 끼친 손해에 대하여는 연대하여 손해배상의 책임을 진다.

4) "2)와 3)"의 행위가 이사회의 의결에 따른 것이면 그 의결에 찬성한 이사도 연대하여 손해배상의 책임을 진다. 이 경우 의결에 참

가한 이사 중 이의를 제기한 사실이 의사록에 적혀 있지 아니한 이사는 그 의결에 찬성한 것으로 추정한다.

5) 임원이 거짓으로 결산보고·등기 또는 공고를 하여 지역농협이나 제3자에게 끼친 손해에 대하여도 "2) 및 3)"과 같다.

## 5. 임원의 해임

### 가. 조합원에 의한 임원의 해임과 의결정족수

조합원은 조합원 5분의 1 이상의 동의를 받아 총회에 임원의 해임을 요구할 수 있다. 이 경우 총회는 조합원 과반수의 출석과 출석조합원 3분의 2 이상의 찬성으로 의결한다(농업협동조합법 제54조)

### 나. 그 밖에 임원의 해임 방법

조합원은 농업협동조합법 제45조에 따라 선출한 임원에 대하여 다음 어느 하나의 방법으로 임원을 해임할 수 있다(농업협동조합법 제54조).

1) 대의원회에서 선출된 임원 : 대의원 3분의 1 이상의 요구로 대의원 과반수의 출석과 출석대의원 3분의 2 이상의 찬성으로 해임의결

2) 이사회에서 선출된 조합장 : 이사회의 해임 요구에 따라 총회

에서 해임 의결. 이 경우 이사회의 해임 요구와 총회의 해임 의결은 "1)"에 따른 의결 정족수를 준용한다.

3) 조합원이 직접 선출한 조합장 : 대의원회의 의결을 거쳐 조합원 투표로 해임 결정. 이 경우 대의원회의 의결은 "1)"에 따른 의결 정족수를 준용하며, 조합원 투표에 의한 해임 결정은 조합원 과반수의 투표와 투표 조합원 과반수의 찬성으로 한다.

4) 농업협동조합법 제43조 제3항 제11호(상임이사의 해임 요구에 관한 사항)에 따라 이사회의 요구로 상임이사를 해임하려면 대의원 과반수의 출석과 출석대의원 3분의 2 이상의 찬성으로 의결한다.

5) 해임을 의결하려면 해당 임원에게 해임의 이유를 알려 총회나 대의원회에서 의견을 진술할 기회를 주어야 한다.

## 6. 임원에 관한 「민법」·「상법」의 준용

**지역농협의 임원에 관하여는 「민법」 제35조, 제63조와 「상법」 제382조제2항, 제385조제2항·제3항, 제386조제1항, 제402조부터 제408조까지의 규정을 준용한다.** 이 경우 「상법」 제385조제2항 중 "발행주식의 총수의 100분의 3 이상에 해당하는 주식을 가진 주주"는 "조합원 100인 또는 100분의 3 이상의 동의를 받은 조합원"으로 보고, 같은 법 제402조 및 제403조제1항 중 **"발행주식의 총수의 100분의 1 이상에 해당하는 주식을 가진 주주"는 각각 "조합원**

100인 또는 100분의 1 이상의 동의를 받은 조합원"으로 본다(농업협동조합법 제55조).

## 7. 임원의 종임

임원이 임기가 다 되어 마치거나, 본인의 사정으로 임기 중에 그만두거나, 불미스러운 일로 해임을 당하거나, 법원의 판결에 의하여 그 지위를 잃어버리거나, 임원개선, 자격 흠결로 인한 당연 퇴직, 사망, 조합 자체의 해체로 임원의 지위와 자격을 잃어버리는 것을 말한다.

### 가. 임기만료

정관에 정한 임기를 자연스럽게 마친 것이다.

### 나. 사임

개인적인 사유 등으로 그 임기를 채우지 못하고 중간에 그만두는 것을 말한다.

### 다. 해임

임원이 부정행위를 하거나 법령, 정관에 위반되는 중대한 사실이 있음을 이유로 그 책임을 물어 그 지위나 자격을 박탈하는 것이다.

임원의 해임은 총회나 대의원회의 의결사항이다.

### 라. 법원의 판결

법원의 판결로 임원의 지위나 자격을 박탈당하는 경우이다.

### 마. 임원개선명령, 조치요구에 의한 임원개선

임원징계에 의하여 그 지위나 자격을 박탈하는 경우이다.

### 바. 임원의 자격 등 결격사유

임기 중이라도 임원의 결격사유가 밝혀지면 당연 퇴직 당한다.

### 사. 사망

### 아. 조합의 해산과 청산

### 8. 임원의 징계
(회원조합징계변상 업무처리준칙)

### 가. 개선

1) 징계관련 규정의 징계사유에 해당하는 자로서 고의 또는 중대한 고실로 조합에 중대한 손해를 끼치게 하거나 질서를 심히 문란하게 한 사람

2) 횡령, 배임, 절도 및 금품수수 등 범죄행위를 한 사람

3) 사고유형에 불구하고 사고로 인해 사회적 물의를 야기하거나 농협 전체의 공신력을 실추시킨 사람

4) 최근 1년 이내의 2회의 직무의 정지 징계처분을 받은 후 추가로 직무의 정지 징계처분 사유에 해당하는 자로서 계속적인 업무수행이 부적당하다고 인정되는 사람

이사회의 의결 의결을 얻어 개선 조치하되, 당해 **임원에 대한 사임 또는 해임절차를 이행**한 후 임원을 새로 선임한다. 다만, 조합장, 감사에 대한 자체징계 및 이들에 대한 감독기관 또는 중앙회장의 조치요구보다 가중 징계하는 경우에는 총회의 의결이 필요하다.

감독기관 또는 중앙회장으로부터 개선의 조치요구를 받은 임원은 조치요구서 접수일로부터 징계조치가 최종 확정되는 날까지 직무가 정지되며, 농업협동조합법 제46조 제4항에서 정하는 바에 따라 직무정지 기간 동안의 직무대행자를 선임하여야 한다.

### 나. 직무의 정지

1) 개선의 징계사유에 해당하는 행위를 한 자로서 개전의 정이 있고 정산참작의 사유가 있는 사람

2) 최근 1년 이내에 2회 이상의 견책 징계처분을 받은 후 추가로 견책 징계처분 사유에 해당되는 사람

3) 징계규정의 징계사유에 해당되는 자로서 고의 또는 중대한 과실로 조합에 상당한 손해를 끼치거나 질서를 문란하게 한 사람

의사회 의결을 얻어 직무조치 하되, '직무의 정지 3월'을 부과함을 원칙으로 하고, 책임의 정도에 따라 매 1개월 단위로 1월에서 최고 6월까지 부과할 수 있다. 다만, 조합장, 감사에 대한 자체징계 및 이들에 대한 감독기관 또는 중앙회장의 조치요구보다 가중 징계하는 경우에는 총회의 의결이 필요하다.

직무정지 기간 동안 직무에 종사할 수 없으며 기간만료와 동시에 복직한다.

직무가 정지된 기간 중의 상임임원에 대한 보수 또는 비상임 조합장에 대한 실비는 지급하지 아니한다.

### 다. 견책

1) 범죄행위를 한 자로서 사안이 경미하여 사회적 물의를 일으키지 않고 조합의 손해를 전액 보전한 사람
2) 징계규정의 징계사유에 해당하는 자로서 경과실로 인하여 조합에 손해를 끼치게 하거나 질서를 문란하게 한 사람

의사회 의결을 얻어 견책처분하되 전과를 반성하고 근신하게 한다. 조합장 및 감사에 대한 자체징계는 총회 의결로 한다.

### 라. 비상임 임원에 대한 징계

비상임 임원에 대하여는 본인 귀책사유로 인한 고의 또는 중대한

과실로 위법·부당한 행위가 있는 경우에 한하여 징계함을 원칙으로 한다.


## 제2절 조합장

협동조합은 최상의 가치로 목적달성에 혼신의 노력을 기울여야 한다. 경제적 이익이 우선이지만, 사회적 가치를 지향하는 것도 협동조합이다. 이 실현을 주도하는 이가 조합장으로서 기업가적 역할도 수행하여야 한다. 협동조합이 사업을 수행함에 있어서는 신뢰와 연대의식을 갖고 기업과 같은 경쟁력을 갖는 것도 중요하다고 본다.

### 1. 직무와 권한

1) 조합장은 지역농협을 대표하며 업무를 집행한다. 여기서 대표권을 갖는 기관을 대표기관이라 한다. 법인이 한 행위는 법률상으로 개인이 한 행위와 것과 똑 같은 효과를 같은 것은 그 기관이 대표성을 갖기 때문이다(농업협동조합법 제46조 제1항).
2) 조합장이 상임인 경우로서 상임이사를 두는 경우에는 조합장은 정관으로 정하는 바에 따라 업무의 일부를 상임이사에게 위임 · 전결 처리하도록 하여야 하며, 조합장이 비상임인 경우에는 상임이사가 업무를 집행한다. 다만, 비상임 조합장은 정관으로 정하는 바에 따라 사업(신용사업과 이와 관련되는 부대사업은 제외한다) 중 전부 또는 일부를 집행할 수 있다(농업협동조합법 제46조 제2항).

3) 조합장은 총회와 이사회의 의장이 된다(농업협동조합법 제46조 제3항).

4) 조합장이 대의원회의 의장이 되는 경우에는 대의원인 것으로 본다(대의원회운영규약 제3조).

5) 조합장이 상임일 경우나 비상일 경우 등은 관계가 없다. 조합의 모든 업무는 조합장 명으로 시행되고 수행된다(농업협동조합법 제46조 제1항)

6) 지역농협의 직원은 정관으로 정하는 바에 따라 조합장이 임면한다. 다만, 상임이사를 두는 지역농협의 경우에는 상임이사의 제청에 의하여 조합장이 임면한다(농업협동조합법 제56조 제1항).

7) 지역농협에는 정관으로 정하는 바에 따라 간부직원을 두어야 하며, 간부직원은 회장이 실시하는 전형 시험에 합격한 자 중에서 조합장이 이사회의 의결을 거쳐 임면한다. 간부직원에 관하여는 「상법」 제11조 제1항·제3항, 제12조, 제13조 및 제17조와 「상업등기법」 제23조 제1항, 제50조 및 제51조를 준용한다(농업협동조합법 제56조 제1항, 제2항).


## 2. 직무대행

조합장이 그 직무를 수행할 수 없을 때에는 이사회가 정하는 순서에 따라 이사(조합장의 경우에는 조합원이 아닌 이사는 제외한다)가 그 직무를 대행한다(농업협동조합법 제46조).

1) 궐위闕位된 경우. 궐위 되는 경우로서는 사망, 사임, 임기만료,

해임, 자격상실 등이 있다.

2) 공소 제기된 후 구금상태에 있는 경우. 법원의 판결로 징역이나 금고의 형을 집행하는 경우이다.

3) 「의료법」에 따른 의료기관에 60일 이상 계속하여 입원한 경우

4) 조합장의 해임을 대의원회에서 의결한 경우

5) 그 밖에 부득이한 사유로 직무를 수행할 수 없는 경우

6) 조합장이 그 직을 가지고 해당 지역농협의 조합장 선거에 입후보하면 후보자로 등록한 날부터 선거일까지 이사회가 정하는 순서에 따른 이사가 그 조합장의 직무를 대행한다.

7) 조합장이 자기를 위하여 조합과 계약이나 소송을 할 때에는 감사가 조합을 대표한다.

8) 법원의 직무정지명령이나 감독기관의 조치가 있을 때.


## 제3절 이사

이사는 조합장의 가장 근접에서 조합의 살림을 이끌어가는 중요한 자리이다. 따라서 이사에 취임하면 책임이 따르기 때문에 발언과 표결에 신중하여야 한다. 회의록이 그 사실들을 낱낱이 기록으로 남기기 때문이다. 농업협동조합법 제53조의 내용처럼 조합에 손해를 끼쳤을 때에는 책임을 질 수 있기 때문이다.

이사의 직무권한에는 1) 이사회 관련 권한 2) 조합장, 상임이사 등 직무대행권 3) 실비보상 청구권 등이 있다.

다시 이사회 관련 권한에는 1) 이사회 참여권, 2) 이사회 소집권,

3) 이사회 기명·날인권, 4) 업무집행상황 감독권 5) 안건 심의에 따른 발언권과 의결권 등이 있다.
이사에는 조합원이사, 상임이사, 사외이사가 있다.

### 1. 조합원 이사

### 가. 선출

이사는 총회(대의원회)에서 선출한다. 이 경우 선출할 이사의 수는 조합원수, 조합구역, 지세, 교통 기타의 조건을 감안하여 지역별, 성별, 또는 품목별로 배분할 수 있다.

### 나. 이사의 임기

조합원 이사의 임기는 4년이다.

### 다. 이사의 정수

이사의 정수에 관한 사항은 정관으로 정한다.

### 라. 이사로 출마할 수 없는 사람

농업협동조합법 제49조에 의한 임원의 결격사유에 해당하는 사람이다.

## 마. 관계법

농업협동조합법 제43조(이사회), 제45조, 제48조, 제49조

## 2. 상임이사

## 가. 정수 및 존재근거

비조합원이며 정수는 정관으로 정한다. 조합원이 아닌 상임이사를 두어야 하는 조합은 정기총회의 승인을 받은 최근 결산보고서에 적힌 자산총액이 1천5백억원 이상인 경우에는 상임이사를 둔다.

## 나. 상임이사 부재 시 직무대행

상임이사가 다음의 어느 하나의 사유로 그 직무를 수행할 수 없을 때에는 이사회가 정하는 순서에 따라 이사가 그 직무를 대행한다 (농업협동조합법 제46조 제4항).

1) 궐위闕位된 경우
2) 공소 제기된 후 구금상태에 있는 경우
3) 「의료법」에 따른 의료기관에 60일 이상 계속하여 입원한 경우
4) 그 밖에 부득이한 사유로 직무를 수행할 수 없는 경우

## 다. 관계법

농업협동조합법 제43조(이사회), 제45조, 제46조, 제48조, 제49조, 동법 시행령 제4조의5, 제5조

## 3. 사외이사

사외이사社外理事란 비조합원이고 외부에서 영입된 이사이다. 이사회 구성원의 일원으로 제출의안을 심의함으로써 조합의 경영에 참여하며, 법령이나 정관에서 정한 직무를 수행한다. 따라서 조합과 직접적인 관계가 없으므로 객관적인 입장에서 조합의 경영 상태를 감독하고 이에 대하여 발언할 수 있다.

## 가. 자격

조합원이 아닌 사람 중에서 학식과 경험이 풍부한 사람으로 한다.

## 나. 정수 및 근거

비조합원으로서 정수는 정관으로 정한다.

농업협동조합법시행령 제4조의4(조합원이 아닌 이사를 두어야 하는 조합) 농업협동조합법 제45조 제1항 후단(농업협동조합법 제107조 및 제112조에서 준용하는 경우를 포함)에서 "대통령령으로 정하는 기준 이상에 해당하는 경우"란 조합장 임기 개시일 이전에

농업협동조합법 제71조 제3항에 따라 정기총회의 승인을 받은 최근 결산보고서에 적힌 자산총액이 1천5백억원 이상인 경우를 말한다.

### 다. 관계법

농업협동조합법 제43조(이사회), 제45조, 제48조, 제49조, 동법 시행령 제4조의4, 지역농업협동조합정관례 108조, 제109조, 제110조, 제111조


## 제4절 감사

감사는 조합의 재산과 업무집행상황을 감사한다. 만약 전문적인 회계감사가 필요하다고 인정되는 때에는 농협중앙회에 회계감사를 의뢰할 수 있다. 이때에는 총회(대의원회)에 이를 보고한다(농업협동조합법 제46조 제6항).

감사는 지역농협의 재산 상황이나 업무 집행에 부정한 사실이 있는 것을 발견하면 총회(대의원회)에 보고하여야 한다. 이때 그 내용을 총회에 신속히 보고하여야 할 필요가 있으면 정관으로 정하는 바에 따라 조합장에게 총회의 소집을 요구하거나 총회를 소집할 수 있다(농업협동조합법 제46조 제7항).

감사는 총회나 이사회에 출석하여 의견을 진술할 수 있다(농업협동조합법 제46조 제8항).

감사의 직무에 관하여는 「상법」 제412조의5·제413조 및 제413

조의2를 준용한다(농업협동조합법 제46조 제9항).

감사는 그 직무를 수행하기 위하여 필요한 때에는 본 조합의 자회사에 대하여 영업의 보고를 요구할 수 있으며 그 회사가 지체 없이 보고를 하지 아니할 때 또는 그 보고의 내용을 확인할 필요가 있는 때에는 그 회사의 업무와 재산 상태를 조사할 수 있다(농업협동조합법 제46조 제9항에 의한 상법 제412조의5 준용).

감사는 조합장이 총회에 제출할 의안 및 서류를 조사하여 법령 또는 정관에 위배하거나 현저하게 부당한 사항이 있는지 여부에 관하여 총회(대의원회)에서 그 의견을 진술한다(농업협동조합법 제46조 제9항에 의한 상법 제413조 준용).

감사는 감사의 실시요령과 그 결과를 적은 감사록을 작성하고 감사를 실시한 감사가 기명날인 한다(농업협동조합법 제46조 제9항에 의한 상법 제413조의2 준용).

비상임 감사는 직무의 범위 등 필요한 사항을 상임감사와 협의하여 정할 수 있으며, 상임감사가 사고로 직무를 수행할 수 없을 때에는 그 직무를 대행한다(지역농업협동조합정관례 제52조).

지역농협이 조합장이나 이사와 계약을 할 때에는 감사가 지역농협을 대표한다(농업협동조합법 제47조 제1항).

지역농협과 조합장 또는 이사 간의 소송에 관하여 감사가 지역농협을 대표한다(농업협동조합법 제47조 제2항).

농업협동조합법 제36조 제3항에 의하여 감사는 총회 소집권을 행사할 수 있으며, 이때 감사는 의장권한을 대행한다(지역농업협동조합정관례 34조).

**농업협동조합법 제36조(총회의 소집청구)** ①조합원은 조합원 300인이나 100분의 10 이상의 동의를 받아 소집의 목적과 이유를 서면에 적어 조합장에게 제출하고 총회의 소집을 청구할 수 있다.

②조합장은 제1항에 따른 청구를 받으면 2주일 이내에 총회소집 통지서를 발송하여야 한다.

**③총회를 소집할 사람이 없거나 제2항에 따른 기간 이내에 정당한 사유 없이 조합장이 총회소집통지서를 발송하지 아니할 때에는 감사가 5일 이내에 총회소집통지서를 발송하여야 한다.**

④감사가 제3항에 따른 기간 이내에 총회소집통지서를 발송하지 아니할 때에는 제1항에 따라 소집을 청구한 조합원의 대표가 총회를 소집한다. 이 경우 조합원이 의장의 직무를 수행한다.

감사에는 상임감사와 비상임감사가 있다.


## 제5절 대의원

### 1. 자격

대의원은 선거공고일 현재 해당선출지역(선거구) 조합원명부에 조합원으로 등재된 사람이어야 한다.

농업협동조합법 제49조(임원의 결격사유)의 어느 하나에 해당하는 경우에는 후보자로 등록할 수 없다.

피선거권 자에 대한 자세한 제한 요건은 정관으로 정한다.

## 2. 임기

대의원의 임기는 2년이다. 다만, 임기만료연도 결산기의 마지막 달부터 그 결산기에 관한 정기총회 전에 임기가 끝난 경우에는 정기총회가 끝날 때까지 그 임기가 연장된다.

## 3. 겸직 금지

대의원은 해당 지역농협의 조합장을 제외한 임직원과 다른 조합의 임직원을 겸직하여서는 아니 된다.

## 4. 의결권의 대리 불허

대의원의 의결권은 대리인이 행사할 수 없다.

## 5. 대의원 선언문

조합에 따라 대의원 선언문을 작성하여 활용하기도 한다.

1) 대의원은 지시나 간섭 등에 관여 받지 않고 조합의 이익을 위해 소신껏 판단하고 행동한다.
2) 대의원은 학연, 지연, 혈연, 파벌 등에 영향을 받지 않고 자유롭게 의사를 표현한다.

3) 대의원은 법률과 그 밖에 관계규정 등을 준수한다.

4) 대의원은 농협의 사업 참여에 솔선수범하여 앞장선다.

5) 대의원은 자기계발에 통해 농협 전반을 이해하도록 노력한다.

6) 대의원은 조합원의 대표자임을 자각하고 책임감 있게 행동한다.

7) 대의원은 조합원 선도와 홍보에도 열의를 다한다.

## 6. 관계법

농업협동조합법 제42조, 제45조, 제49조, 지역농업협동조합정관례 제91부터 제96조까지

제4장

# 농협의 회의체 기관

# 제4장 농협의 회의체 기관

농협의 핵심적인 회의체 기관으로는 총회, 대의원회, 이사회, 감사회가 있고 기타 협의체가 있다.

이 회의체를 국가기관의 3권 분립의 이론에 적용하여 설명하기도 한다.

총회나 대의원회는 입법부의 기능으로, 조합장과 이사회는 집행기관으로서 행정부로, 감사회는 사법부로 견주어 본 것이다.

## 제1절 총회

### 1. 성격

총회란 조합원 전체가 참여하는 회의라 일컬을 수 있다. 법 조항을 바탕으로 그 성격을 기술해 보면 다음과 같다.

**가. 총회는 법정 기관이다.**

농업협동조합법 제34조 재1항에 "지역농협에 총회를 둔다."라고 명시하고 있어 법정기관임을 알 수 있다.

## 나. 조합원으로 구성된 순수 자치 구성체이다.

농업협동조합법 제34조 제2항에 "총회는 조합원으로 구성한다." 라고 명시되어 있어 순수한 자치 구성체임을 말하고 있다.

## 다. 조합의 가장 상위기관이다.

농업협동조합법 제35조의 의결사항을 살펴보면 정관의 변경, 조합의 해산, 조합의 합병, 조합의 분할 등 조합의 존립에 대한 중요사항을 의결함으로써 가장 상위기관임을 알 수 있다.

## 라. 조합의 최고의결기관이다.

농업협동조합법 제35조에 명시된 것처럼 조합의 존립과 기본적인 사항을 의결하도록 하고 있어 최상위기관이면서 최고의결기관이라 볼 수 있다.

## 2. 의결사항

농업협동조합법 제35조에 의하면 다음 사항은 총회의 의결을 거쳐야 하도록 되어 있다. 정관의 변경, 해산·분할 또는 품목조합으로의 조직 변경, 합병 등의 사항은 의결 후 농림축산식품부장관의 인가를 받도록 되어 있다. 다만 농림축산식품부장관이 정하여 고시한 정관례에 따라 정관을 변경한 경우에는 인가를 받지 않아도 된다.

1) 정관의 변경

2) 해산·분할 또는 품목조합으로의 조직변경

3) 조합원의 제명

4) 합병

5) 임원의 선출 및 해임

6) 규약의 제정·개정 및 폐지

7) 사업 계획의 수립, 수지 예산의 편성과 사업 계획 및 수지 예산 중 정관으로 정하는 중요한 사항의 변경

8) 사업보고서, 재무상태표, 손익계산서, 잉여금 처분안과 손실금 처리안

9) 중앙회의 설립 발기인이 되거나 이에 가입 또는 탈퇴하는 것

10) 임원의 보수 및 실비변상

11) 그 밖에 조합장이나 이사회가 필요하다고 인정하는 사항

■ 7)항의 정관으로 정한 중요한 사항(지역농업협동조합정관례 제37조 제1항 8호)

가) 수지예산 확정 후 발생한 사유로 소요되는 총지출예산의 추가 편성에 관한 사항. 다만, 비례성 예산과 규정에서 정하는 법적 의무비용·영업외비용 및 특별손실의 경우에는 제외한다.

비례성예산이라 함은 사업취급물량의 증감에 비례하여 발생되는 비용에 대한 예산으로 직접사업비용(관리 가능한 예산 제외)을 말

한다(기획규정 17조).

나) 업무용 부동산 취득과 관련된 총액 1억원 이상의 예산 추가편성 또는 1억원 이상의 업무용 부동산 취득예산의 용도조정에 관한 사항

다) 다른 법인에 대한 출자와 관련된 총액 1억원 이상의 예산 추가편성 또는 1억원 이상의 다른 법인에 대한 출자예산의 용도 조정에 관란 사항. 다만, 중앙회에 대한 출자예산 및 중앙회와 공동으로 출자하거나 중앙회가 실질적 경영 지배력을 가지는 법인에 대한 출자예산의 추가편성의 경우에는 제외한다.

나)와 다)의 경우 기준이 되는 금액은 조합의 실정에 맞게 조정할 수 있다.

## 3. 종류

농업협동조합법 제34조 제3항에 의거 총회는 정기총회와 임시총회로 나누어 설명할 수 있다.

### 가. 정기총회

정기총회는 매년 1회 정관으로 정하는 시기에 소집한다. 지역농업협동조합정관례 제32조에 의하면 회계연도 종료 후 2개월 이내로 정해져 있다. 정기총회에서는 결산승인 안건 등이 상정된다.

## 나. 임시총회

임시총회는 필요할 때에 수시로 소집한다.

지역농업협동조합정관례 제33조에 의거 임시총회의 소집 요건을 보면 다음과 같다.

1) 조합장이 필요하다고 인정한 때

2) 이사회가 필요하다고 인정하여 소집을 청구한 때

3) 조합원이 조합원 300인 또는 100분 10 이상의 동의를 받아 소집의 목적과 이유를 적은 서면을 제출하여 조합장에게 소집을 청구한 때

4) 감사가 조합의 재산상황이나 업무집행에 부정한 사실이 있는 것을 발견하고 그 내용을 총회에 신속히 보고할 필요가 있다고 인정하여 조합장에게 소집을 요구한 때

조합장은 1), 2), 3)항의 경우 2주일 이내에 총회소집통지서를 발송하여야 한다. 4)항에 의한 감사의 소집청구는 7일 이내에 총회소집통지서를 발송하여야 한다.

## 4. 소집 절차

### 가. 소집권자

1) 조합장

농업협동조합법 제36조와 지역농업협동조합정관례 제32조 및 제33조의 규정에 의거 총회의 소집은 조합장이 한다.

2) 감사

농업협동조합법 제36조와 지역농업협동조합정관례 제34조의 규정에 의거 감사도 임시총회를 소집할 수 있다. 감사의 총회 소집요건은 다음과 같다.

◇ 총회를 소집할 사람이 없을 때

◇ 이사회가 필요하다고 인정하여 소집을 청구하거나 조합원 300인 또는 100분의 10 이상의 동의를 얻어 소집 청구한 날로부터 2주일 내에 정당한 사유 없이 조합장이 총회소집통지서를 발송하지 아니한 때

◇ 감사가 조합의 재산상황 또는 업무집행에 관하여 부정한 사실이 있는 것을 발견하여 그 내용을 총회에 신속히 보고할 필요가 있다고 인정하여 조합장에게 총회소집을 요구하였으나 7일 이내에 조합장이 총회소집통지서를 발송하지 아니한 때

감사는 총회소집사유가 발생한 날부터 5일 이내에 총회소집통지서를 발송하여야 한다. 이 경우 감사가 의장(조합장)의 직무를 대행한다.

3) 조합원 대표

농업협동조합법 제36조 제4항과 지역농업협동조합정관례 제35조의 규정에 의거 조합원 대표도 총회를 소집할 수 있다. 소집요건

은 다음과 같다.

◇ 조합원 300인 또는 100분의 10 이상의 동의를 얻어 소집 청구한 날로부터 2주일 내에 정당한 사유 없이 조합장이 총회소집통지서를 발송하지 아니한 때로써 감사가 소집요구를 하여야 하나 감사가 정당한 사유 없이 5일 이내에 총회소집통지서를 발송하지 아니한 때

◇ 임원의 결원으로 총회를 소집할 사람이 없을 때

이때는 조합원 대표가 의장의 직무를 수행한다.

### 4) 청산인

농업협동조합법 제84조 및 제85조 의거 지역농협이 해산하면 파산으로 인한 경우 외에는 조합장이 청산인淸算人이 된다. 다만, 총회에서 다른 사람을 청산인으로 선임하였을 때에는 그러하지 아니하다. 청산인은 직무의 범위에서 조합장과 동일한 권리 · 의무를 가진다. 농림축산식품부장관은 지역농협의 청산 사무를 감독한다.

청산인은 취임 후 지체 없이 재산 상황을 조사하고 재무상태표를 작성하여 재산 처분의 방법을 정한 후 이를 총회에 제출하여 승인을 받아야 한다. 승인을 받기 위하여 2회 이상 총회를 소집하여도 총회가 개의開議되지 아니하여 총회의 승인을 받을 수 없으면 농림축산식품부장관의 승인으로 총회의 승인을 갈음할 수 있다.

### 나. 소집통지

지역농협이 조합원에게 통지나 최고催告를 할 때에는 조합원명부에 적힌 조합원의 주소나 거소로 하여야 한다. 총회를 소집하려면 총회 개회 7일 전까지 회의 목적, 부의 안건, 회의일자 등을 적은 총회소집통지서를 조합원에게 발송하여야 한다. 다만, 같은 목적으로 총회를 다시 소집할 때에는 개회 전날까지 알린다(농업협동조합법 제37조).

■ 같은 목적으로 총회를 다시 소집할 때

개의 정족수 미달로 총회를 개최하지 못하거나 총회의 개의 후 회의가 무산되어 다시 소집하는 경우

## 5. 총회의 개최

### 가. 개의 정족수

다른 규정이 있는 경우를 제외하고는 조합원 과반수의 출석으로 개의開議한다(농업협동조합법 제38조)

### 나. 보통의결

총회는 다른 규정이 있는 경우를 제외하고는 조합원 과반수의 출석으로 개의開議하고 출석조합원 과반수의 찬성으로 의결한다(농업협동조합법 제38조)

이때 의장은 총회의 의결에 참여한다(지역농업협동조합정관례 제 38조 제2항).

## 다. 특별의결

특별의결이란 일반 안건에 비해 비중이 있는 안건의 의결정족수를 강화한 것이다. 의결정족수는 조합원 과반수의 출석과 출석조합원 3분의 2 이상의 찬성으로 의결한다(농업협동조합법 제38조). 특별의결사항은 다음과 같다.

1) 정관의 변경
2) 해산·분할 또는 품목별조합으로의 조직 변경
3) 조합원의 제명
4) 조합원 5분의 1 이상의 동의를 받아 총회에서 임원의 해임을 요구할 때(농업협동조합법 54조)
5) 긴급 동의안의 채택(농업협동조합법 39조)

**농업협동조합법 제41조** 의거 다음 사항에 대하여는 조합원의 투표로 총회 의결을 갈음할 수 있다. 이 경우 조합원 투표의 통지·방법, 그 밖에 투표에 필요한 사항은 정관으로 정한다.

1) 해산, 분할 또는 품목조합으로의 조직변경
- 조합원 과반수의 투표와 투표한 조합원 3분의 2 이상의 찬성으로 의결

2) 조합원이 총회 또는 총회 외에서 투표로 직접 조합장의 선출
- 유효투표의 최다득표자를 선출. 다만, 최다득표자가 2명 이상이면 연장자를 당선인으로 결정

3) 조합원 5분의 1 이상의 동의를 받아 총회에 임원의 해임을 요구할 때
- 조합원 과반수의 투표와 투표한 조합원 3분의 2 이상의 찬성으로 의결

4) 합병
- 조합원 과반수의 투표와 투표한 조합원 과반수의 찬성으로 의결

## 마. 의결권의 제한

농업협동조합법 제39조에 의거 총회에서는 조합에서 미리 통지한 사항에 대하여만 의결할 수 있다. 다만, 다음 사항을 제외한 긴급한 사항으로서 조합원 과반수의 출석과 출석조합원 3분의 2 이상의 찬성이 있을 때에는 통지되지 않은 사항이라도 안건으로 채택할 수 있다.

### ■ 긴급 안건 채택 제외 사항

1) 정관의 변경

2) 해산·분할 또는 품목조합으로의 조직변경

3) 조합원의 제명

4) 합병

5) 임원의 선출 및 해임

참고로 긴급동의 사항이란 즉시 처리하지 않으면 회복할 수 없는 손실이 발생할 위험이 명백한 경우에 한하여야 한다고 본다.

일반적인 사항이나 중요한 사항으로 신중한 검토가 필요한 사항은 다음 회의 때 정식 의안으로 작성하여 상정함이 정당하다고 본다.

안건은 조합원들의 여론도 참고하고 경비의 소요 등 사전에 조사하고 검토할 사항이 많을 수 있다.

조합원은 조합원 100인이나 100분의 3 이상의 동의를 받아 총회 개회 30일 전까지 조합장에게 서면으로 일정한 사항을 총회의 목적 사항으로 할 것을 제안(이하 "조합원제안"이라 한다)할 수 있다. 이 경우 조합원제안의 내용이 법령이나 정관을 위반하는 경우를 제외하고는 이를 총회의 목적 사항으로 하여야 하고, 조합원제안을 한 자가 청구하면 총회에서 그 제안을 설명할 기회를 주어야 한다.

**바. 의결권의 제한**

지역농협과 조합원의 이해가 상반되는 의사議事를 의결할 때에는 해당 조합원은 그 의결에 참여할 수 없다(농업협동조합법 제39조).

## 사. 감사의 의견 진술권

감사는 총회나 이사회에 출석하여 의견을 진술할 수 있다(농업협동조합법 제46조).

## 아. 연기와 속행

지역농업협동조합정관례 제44조에 의하면 총회는 회의의 연기 또는 속행의 의결을 할 수 있다고 되어있다. 총회의 연기란 총회가 성립한 후 의안의 심의를 착수하지 못하고 회의 일을 후일로 다시 정하는 것이다. 속행이란 의안을 심의하였으나 결론에 이르지 못하여 다시 회의 일을 잡아 동일의안을 계속 심의하는 것을 말한다. 연기 또는 속행에 따라 여는 총회를 연기회 또는 계속회라 한다. 연기회나 계속회는 회기의 연장선상으로서 동일성이 유지되므로 별도의 통지나 공고 등을 생략할 수 있다.

## 자. 의사록의 작성 비치

농업협동조합법 제40조에 따라 총회의 의사에 관하여는 의사록議事錄을 작성하여야 한다. 의사록에는 의사의 진행 상황과 그 결과를 적고 의장과 총회에서 선출한 조합원 5인 이상이 기명날인記名捺印하거나 서명하여야 한다. 여기서 기명날인할 도장은 인감증명법상의 인감이 아니어도 된다.

농업협동조합법 제65조에 의거 조합장은 정관, 총회의 의사록 및 조합원 명부를 주된 사무소에 갖추어 두어야 한다.

## 차. 의결의 취소와 무효 확인의 청구

농업협동조합법 제33조에 의거 조합원은 총회(창립총회를 포함한다)의 소집 절차, 의결 방법, 의결 내용 또는 임원의 선거가 법령, 법령에 따른 행정처분 또는 정관을 위반한 것을 사유로 하여 그 의결이나 선거에 따른 당선의 취소 또는 무효 확인을 농림축산식품부장관에게 청구하거나 이를 청구하는 소訴를 제기할 수 있다. 다만, 농림축산식품부장관은 조합원의 청구와 같은 내용의 소가 법원에 제기된 사실을 알았을 때에는 조치를 하지 아니한다.

농림축산식품부장관에게 청구하는 경우에는 의결일이나 선거일부터 1개월 이내에 조합원 300인 또는 100분의 5 이상의 동의를 받아 청구하여야 한다. 이 경우 농림축산식품부장관은 그 청구서를 받은 날부터 3개월 이내에 이에 대한 조치 결과를 청구인에게 알려야 한다.

소에 관하여는 「상법」 제376조부터 제381조까지의 규정을 준용한다.

의결 취소의 청구 등에 필요한 사항은 농림축산식품부령으로 정한다.

## 카. 의결권의 대리행사

농업협동조합법 제27조에 의하면 조합원은 대리인에게 의결권을 행사하게 할 수 있다. 이 경우 그 조합원은 출석한 것으로 본다. 대리인은 다른 조합원 또는 본인과 동거하는 가족(법인 또는 조합의 경우에는 조합원·사원 등 그 구성원을 말한다)이어야 하며, 대리인이 대리할 수 있는 조합원의 수는 1인으로 한정한다. 이때 대리인은 대리권代理權을 증명하는 서면書面을 지역농협에 제출하여야 한다.

참고로 대의원회의 경우에 대리인은 의결권을 행사할 수 없다.

### 타. 위법 또는 부당 의결사항의 취소 또는 집행정지

농업협동조합법 제163조에 농림축산식품부장관은 총회나 이사회가 의결한 사항이 위법 또는 부당하다고 인정하면 그 전부 또는 일부를 취소하거나 집행을 정지하게 할 수 있다.

### 파. 이사회의 사전심의

조합장은 총회에 부의할 안건에 대하여 사전에 이사회의 심의를 거쳐야 한다. 심의결과는 총회부의안건에 첨부하여야 한다.

### ■ 사전 심의 제외 사항

1) 임원의 선출과 해임
2) 조합장 및 감사에 대한 징계 및 변상

## 6. 벌칙사항

농업협동조합법 제171조에 의거 조합의 관계임원과 간부직원, 청산인 등이 다음에 해당하면 3년 이하의 징역 또는 3천만원 이하의 벌금에 처한다.

1) 의결을 필요로 하는 사항에 대하여 의결을 거치지 아니하고 집행한 경우
2) 총회나 이사회에 대한 보고를 하지 아니하거나 거짓으로 한 경우
3) 청산인이 총회나 농림축산식품부장관의 승인을 받지 아니하고 재산을 처분한 경우
4) 청산인이 결산보고서를 작성하지 아니하거나 총회에 제출하지 아니한 경우

## 제2절 대의원회

### 1. 의의

조합원의 수가 200명이상만 넘는다 해도 총회를 개최하는 데 경비도 많이 들뿐만 아니라 관리하는 데도 여러 가지 어려움이 많을 것이다. 이를 해결하기 위하여 구역이나 지역단위로 묶어 일정 수의 대표자를 선출한다. 이렇게 선출된 자를 대의원代議員이라 한다.

대의원들로 구성한 단체가 대의원회인 것이다. 이렇게 구성된 대의원회는 총회의 역할을 수행한다.

농업협동조합법 제42조에 의하면 "지역농협은 정관으로 정하는 바에 따라 총회의 의결에 관하여 총회를 갈음하는 대의원회를 둘 수 있다"라고 명시되어 있다.

대의원은 조합원이어야 한다. 조합장이 대의원회의 의장이 된다. 조합장의 궐위로 의장직을 수행할 수 없을 때에는 이사회가 정하는 순서에 따라 그 직을 대행한다.

대의원의 정수, 임기 및 선출 방법은 정관으로 정한다. 다만, 임기 만료연도 결산기의 마지막 달부터 그 결산기에 관한 정기총회 전에 임기가 끝난 경우에는 정기총회가 끝날 때까지 그 임기가 연장된다.

대의원은 해당 지역농협의 조합장을 제외한 임직원과 다른 조합의 임직원을 겸직하여서는 아니 된다.

대의원회에 대하여는 총회에 관한 규정을 준용한다. 다만, 대의원의 의결권은 대리인이 행사할 수 없다.


## 2. 회의의 종류와 개최시기

가. 대의원회는 정기대의원회와 임시대의원회로 이를 구분한다.

나. 정기 대의원회는 매년 1회 회계연도 종료 후 2월 이내에 조합장이 이를 소집한다.

다. 임시대의원회는 다음에 해당하는 경우에 조합장이 이를 소집한다.

1) 조합장이 필요하다고 인정한 때

2) 이사회가 필요하다고 인정하여 소집을 요구한 때

3) 대의원이 대의원 100분의 10 이상의 동의를 얻어 소집의 목적과 이유를 기재한 서면을 제출하여 조합장에게 소집을 청구한 때

4) 감사가 조합의 재산상황 또는 업무집행에 대하여 부정한 사실이 있는 것을 발견하고 그 내용을 대의원회에 신속히 보고할 필요가 있다고 인정하여 조합장에게 소집을 요구한 때

라. 위 "2), 3)"항의 청구가 있는 때에는 정당한 사유가 없는 한 조합장은 그 청구가 있는 날로부터 2주 이내에 대의원회소집통지서를 발송하여야 하며, 4)항의 경우에는 7일 이내에 대의원회의소집통지서를 발송하여야 한다.


### 3. 기능과 운영


대의원회는 총회에 갈음하는 기관이므로 그 기능은 총회의 기능과 같다. 다만 다음의 경우에는 대의원회에서 행할 수 없다.


1) 해산, 분할 또는 품목조합으로의 조직변경

2) 조합원이 직접 조합장을 선출하는 경우

3) 조합원 5분의 1 이상의 동의를 받아 총회에 임원의 해임을 요구할 때 임원의 해임

4) 합병


### 4. 대의원회의 총회 갈음(규정준용)

농업협동조합법 제42조 제5항에 의거 대의원회에 대하여는 총회에 관한 규정을 준용한다. 다만, 대의원의 의결권은 대리인이 행사할 수 없다.

소집권자, 소집절차, 의결사항, 의결방법 및 기타 의사의 진행에 관한 사항은 총회와 같다고 보아야 한다. 정관으로 대의원제도를 두게 되면 법이나 정관, 규정 등에 "총회"로 표현된 대부분을 "대의원회"로 보아야 할 것이다.

그러나 조합원에 의한 소수조합원권과 총회 발의권, 대의원회 발의권 간에 혼선이 오는 경우도 있다.

예를 들어 "농업협동조합법 제168조(조합원이나 회원의 검사 청구) ①농림축산식품부장관은 **조합원이 조합원 300인 이상이나 조합원 또는 대의원 100분의 10 이상의 동의**를 받아 소속 조합의 업무집행상황이 법령이나 정관에 위반된다는 사유로 검사를 청구하면 회장으로 하여금 그 조합의 업무 상황을 검사하게 할 수 있다." 처럼 각각에 대해 명시가 된 경우에는 혼선이 없다.

"농업협동조합법 제54조(임원의 해임) ①**조합원은 조합원 5분의 1 이상의 동의**를 받아 총회에 임원의 해임을 요구할 수 있다. ②조합원은 제45조에 따른 선출 방법에 따라 다음 각호의 어느 하나의 방법으로 임원을 해임할 수 있다.

1. **대의원회에서 선출된 임원: 대의원 3분의 1 이상의 요구**로 대의원 과반수의 출석과 출석대의원 3분의 2 이상의 찬성으로 해임

의결"에서 보는 것처럼 법 제54조 제1항의 **조합원 5분의 1 이상의 동의**와 대의원 5분의 1과는 서로 일치할 수 없다. 그 이유가 법 제54조 제2항 제1호에 대의원의 해임 요구권의 발의인원이 따로 명시되어 있기 때문이다.

"농업협동조합법 제36조(총회의 소집청구) ①조합원은 **조합원 300인이나 100분의 10 이상의 동의**를 받아 소집의 목적과 이유를 서면에 적어 조합장에게 제출하고 총회의 소집을 청구할 수 있다."에서도 조합원 100분의 10과 대의원 100분의 10의 적용은 일치하지 않는다는 해석이다.

결론적으로 조합원 발의인원 요율과 대의원회 발의인원 요율이 일치하거나 대치되지 않으므로 해석과 적용에 주의를 요한다.


5. 감사에 의한 회의소집


가. 감사는 다음의 경우에 대의원회를 소집한다.


1) 대의원회를 소집할 자가 없을 때
2) 조합장이 정당한 사유 없이 이사회, 대의원회, 감사가 소집 요구한 사항을 기간 내에 발송하지 아니한 때(전항 "2. 회의의 종류와 개최시기" 참고)


나. "가"항의 경우에 감사는 대의원회 소집사유가 발생한 날로부

터 5일 이내에 대의원회 소집 통지서를 발송하여야 한다. 이 경우 감사가 의장의 직무를 대행한다.

### 6. 대의원 대표에 의한 회의소집

가. 다음에 해당하는 경우에는 대의원 100분의 10 이상의 동의를 얻은 대의원 대표가 대의원회를 소집한다.

1) 감사가 정당한 사유 없이 "전항 5. 감사에 의한 회의소집"의 "나"항에 의한 대의원회소집통지서 발송을 기간 내에 하지 아니한 때
2) 임원의 결원으로 대의원회를 소집할 자가 없는 때

나. 이 경우 대의원대표가 의장의 직무를 수행한다.

### 7. 소집통지

대의원회소집의 통지는 그 개회 7일전까지 회의목적·부의안건 및 회의일자를 기재한 대의원회 소집통지서의 발송에 의한다. 다만, 같은 목적으로 대의원회를 다시 소집하고자 하는 때에는 개회 전일까지 통지한다.

### 8. 의결사항

가. 정관의 변경

나. 조합원의 제명

다. 임원의 선출 및 해임(대의원회서 선출된 임원에 한함)

라. 조합장 및 감사에 대한 징계 및 변상(감독기관 또는 중앙회장으로부터 조치요구가 있는 경우에는 감독기관 또는 중앙회장의 조치요구보다 가중하여 직무의 정지 이상의 징계를 의결하는 경우에 한함)

마. 규약의 제정·개정 및 폐지

바. 사업 계획의 수립, 수지 예산의 편성

사. 수지예산 확정 후 발생한 사유로 소요되는 총지출예산의 추가편성에 관한 사항. 다만, 비례성 예산과 규정에서 정하는 법적 의무비용·영업외비용 및 특별손실의 경우에는 그러하지 아니하다.

아. 업무용 부동산 취득과 관련된 정관으로 정한 금액 이상의 예산추가편성 또는 정관으로 정한 금액 이상의 업무용 부동산 취득예산의 용도 조정에 관한 사항

자. 다른 법인에 대한 출자와 관련된 총액 1억원 이상의 예산 추가편성 또는 1억원 이상의 다른 법인에 대한 출자예산의 용도 조정에 관한 사항. 다만, 중앙회에 대한 출자예산 및 중앙회 공동으로 출자하거나 중앙회가 실질적 경영 지배력을 가지는 법인에 대한 출자예산의 추가편성의 경우에는 그러하지 아니하다.

차. 사업보고서, 재무상태표, 손익계산서, 잉여금 처분안과 손실금 처리안

카. 중앙회의 설립 발기인이 되거나 이에 가입 또는 탈퇴하는 것

타. 임원의 보수 및 실비변상

파. 그 밖에 조합장이나 이사회가 필요하다고 인정하는 사항

※ 안건의 부의는 서면으로 하여야 한다.

## 9. 의안의 의결

### 가. 일반의결

1) 대의원회는 대의원 과반수의 출석으로 개의하며 출석대의원 과반수의 찬성으로 의결한다.
2) 의장은 대의원회의 의결에 참여한다. 다만, 의장 직무를 대행하는 감사는 의결에 참여할 수 없다.

### 나. 특별의결

다음의 사항은 구성원 과반수의 출석과 출석구성원 3분의 2 이상의 찬성으로 의결한다.

1) 정관의 변경
2) 조합원의 제명

## 10. 의결권의 제한

가. 대의원회에서는 미리 통지된 사항에 한하여 의결할 수 있다. 다만 , 정관의 변경, 조합원의 제명, 임원의 선출 및 해임, 조합장 및 감사에 대한 징계 및 변상에 관한 사항을 제외한 긴급 사항으로 대의원 과반수의 출석과 출석대의원 3분의 2 이상의 찬성이 있는 때에는 그러하지 아니하다.

나. 조합과 대의원의 이해가 상반되는 의사에 관하여 해당 대의원은 그 의결에 참여할 수 없다.

다. 대의원은 대의원 100분의 3 이상의 동의를 얻어 조합장에 대하여 서면으로 일정한 사항을 대의원회의 목적사항에 추가하여 소집통지서에 기재할 것을 청구할 수 있다.

라. 조합장은 대의원 100분의 3 이상의 동의에 의한 제한이 있는 경우, 제안의 내용이 법령 또는 정관에 위반되는 경우를 제외하고는 대의원회의 목적사항으로 하여야 한다. 이 경우 제안을 한 대의원의 청구가 있는 때에는 대의원회에서 당해 의안을 설명할 기회를 주어야 한다.


## 11. 회의의 연기 등

가. 대의원회에서는 회의의 연기 또는 속행의 의결을 할 수 있다.
나. 이 경우 소집통지의 절차 규정을 적용하지 아니한다.


## 12. 의안설명

의안은 제안자인 조합장 또는 대의원이 설명한다. 다만, 조합장이 제출한 의안은 간부직원이 설명할 수 있다.

## 13. 회의참여 및 의견진술

가. 조합의 임원과 간부직원은 대의원회에 출석하여 의견을 진술할 수 있다.
나. 의장이 필요하다고 인정할 때에는 간부직원 또는 관계직원을 출석시켜 의안설명을 하거나 그 의견을 진술하게 할 수 있다.

## 14. 의결의 방법

의결은 거수, 기립 또는 투표 등의 방법에 의하되, 의장이 대의원회의 의견을 들어 결정한다.

## 15. 의결순위

가. 수정안이 제출되었을 때에는 그 수정안을 먼저 표결한다.
나. 수정안이 2개 이상 있을 때에는 원안과 그 취지를 달리하는 것부터 순차로 표결한다.
다. 수정안이 모두 부결된 때에는 원안에 대하여 표결한다.

## 16. 분과위원회

사업계획 및 수지예산 수립 등 대의원회에 필요하다고 인정할 경우에는 분과위원회를 둘 수 있다.

### 17. 의사록 작성

가. 대의원회의 의사에 관하여는 의사록을 작성한다.

나. 의사록에는 다음의 사항을 기록하고 의장과 대의원회에서 선출한 5인 이상 대의원이 기명날인 또는 서명한다.

1) 회의 종류
2) 소집통지일자
3) 개최일시 및 장소
4) 회의 목적사항
5) 의사의 경과요령
6) 회의 안건에 대한 대의원의 찬성, 반대에 관한 발언 내용
7) 의결사항과 의결사항에 대한 찬성, 반대 의사별 대의원 수
8) 대의원회 의결사항에 대한 조합장 또는 상임이사의 업무집행 경과 및 처리결과
9) 기타 의장이 필요하다고 인정하는 사항

다. 조합장은 의사록을 주된 사무소 및 신용사업을 수행하는 지사무소에 비치한다.

## 18. 참석여비 지급

조합은 참석대의원에 대하여 참석 1인당 소정의 참석여비를 지급할 수 있다. 다만, 연기된 대의원회의 경우에는 별도의 여비를 지급하지 않는다.


# 제3절 이사회

## 1. 의의

이사회는 조합의 업무집행에 관하여 필요한 의사를 결정하기 위하여 둔 기관이다.

또한 이사회는 조합원에 의한 자치조직임을 보여줌과 동시에 투명하고 민주적인 운영을 기하고자 하는데 목적이 있다고 본다.

이사회는 조합운영에 집단지성을 발휘하여 조합장의 역할수행을 돕는다고 이해할 수도 있다.

조합장을 돕는다 하여 고유권한까지 침해하여 간섭하는 것은 월권 행사될 우려가 있다. 경영권 행사의 구체적인 부분은 조합장에게 일임할 필요가 있다.

이사회에서 해야 할 심의나 의결사항 등은 법이나 규정으로 명시되어 있다.

## 2. 성격

### 가. 법정기관

농업협동조합법 제43조에 의하면 "지역농협에 이사회를 둔다." 라고 되어 있다. 법에 명시된 기관으로서 법정기관이다.

### 나. 회의체 기관

업무처리는 구성원들이 모여 조합에서 안건 형식으로 제시한 내용을 회의형식으로 처리하는 회의체 기관이다.

### 다. 업무집행기관

이사회는 조합의 구체적인 업무집행에 관한 사항을 의사 결정하는 업무집행기관과 같다.

## 3. 구성

농업협동조합법 제43조에 의하면 이사회는 조합장을 포함한 이사로 구성되며, 조합장이 소집한다.

농업협동조합법 제45조에 따라 지역농협에 임원으로서 조합장 1명을 포함한 7명 이상 25명 이하의 이사와 2명의 감사를 두되, 그 정수는 정관으로 정한다. 이 경우 이사의 3분의 2 이상은 조합원이어야 하며, 자산 등 지역농협의 사업규모가 대통령령으로 정하는 기준 이상에 해당하는 경우에는 조합원이 아닌 이사를 1명 이상 두어야 한다. 지역농협은 정관으로 정하는 바에 따라 조합장을 포함한 이사 중 2명 이내를 상임常任으로 할 수 있다. 다만, 조합장을 비상임으로 운영하는 지역농협과 자산 등 사업규모가 대통령령으로 정하는 기준 이상에 해당하는 지역농협에는 조합원이 아닌 이사 중 1명 이상을 상임이사로 두어야 한다.

이사회의 의장인 조합장이 다음의 사유로 그 직무를 수행할 수 없을 때에는 이사회가 정하는 순서에 따라 그 직무를 대행한다. 다만, 조합원이 아닌 이사는 제외된다.

이사의 조합장 직무 대행에 있어 이사끼리 윤번제 직무대행은 허용되지 않는 것으로 해석되고 있다.

가. 궐위된 경우
나. 공소 제기된 후 구금상태에 있는 경우
다. 의료법에 따른 의료기관에 60일 이상 계속하여 입원한 경우
라. 조합장의 해임을 대의원회에서 의결한 경우
마. 조합장 선거에 입후보한 경우
바. 그 밖에 부득이한 사유로 직무를 수행할 수 없는 경우

## 4. 운영

### 가. 개최시기

1) 정기회
- 매월 1회

2) 임시회
- 조합장이 필요하다고 인정한 때.
- 이사 3분의 1 이상의 부의 안건이 있을 때
- 감사 또는 상임이사가 회의소집 요구한 안건이 있을 때
- 상임이사가 소집을 요구한 때

**나. 소집권자**

1) 조합장
2) 조합장이 정당한 사유 없이 소집을 안 하는 경우
- 이사대표 : 이사 3분의 1 이상의 부의 안건일 때
- 감사 : 감사가 회의소집 요구한 안건일 때
- 상임이사 : 상임이사가 회의소집 요구한 안건일 때

**다. 개최통지**

회의 개최일 3일전까지 회의 사항을 서면으로 구성원과 감사에게 알린다. 다만, 긴급을 요하는 경우에는 사정(전화, 인편, 기타 방법 등)에 맞게 예외를 인정한다.

**라. 소집통지대상**

1) 이사회 구성원

2) 감사

3) 선임된 이사나 감사가 아직 취임하지 않은 때는 퇴임한 이사나 감사

**마. 이사회 출석 의견 진술권**

감사와 간부직원, 관계직원은 이사회에 출석하여 의견을 진술할 수 있다(이사회운영규정 제10조).

**바. 개의 및 의결**

이사회는 구성원 과반수의 출석으로 개의하며, 출석구성원 과반수의 찬성으로 의결한다. 이사회의 대리인 의결권은 인정하지 않는다(대법원 80다 2441).

의결방법은 법이나 정관으로 정한 경우가 아니면 거수나 투표 등 여타의 방법으로 의결할 수 있다. 표결방법은 이사회의 의견을 들어 결정한다(이사회운영규정 제13조). 이사회의 의결에 관한 사항은 의사록에 자세히 기록(찬성, 반대 여부도 기록)되어야 한다. 이를 바탕으로 이사회에서 결정한 사항으로 인하여 조합이나 제3자에게 손해를 끼쳤을 때에는 개인별로 책임소재를 따질 수 있기 때문이다. 따라서 손해배상책임 등의 중요한 사항에 대하여는 무기명 투표를 하지 않아야 할 것이다.

## 사. 의사록

이사회의 의사에 관하여는 의사의 진행상황과 그 결과를 적은 의사록을 작성하고 의장과 출석 구성원이 기명날인하거나 서명하여야 한다. 기록사항은 다음과 같다(이사회운영규정 제15조).

1) 회의 종류
2) 소집통지일자
3) 개최일시 및 장소
4) 출석이사의 성명
5) 회의 목적 사항
6) 의사의 경과요령
7) 의결사항과 의결사항에 대하여 찬성·반대 의사별 이사의 성명
8) 의결사항에 반대한 이사의 반대사유
9) 이사회 의결사항에 대한 조합장 또는 상임이사의 업무집행경과 및 처리결과
10) 기타 의장이 필요하다고 인정하는 사항

## 아. 권한의 위임

이사회는 법과 정관에 정해진 대로 그 기능을 다하여야 원칙이다. 이사회의 의결내용에 대하여 총체적인 것은 정해주고 구체적인 실무사항은 위임이 가능하다고 본다, 그러나 추상적인 위임이나 포괄적인 위임은 어렵다고 본다.

## 5. 권한

이사회의 의결사항에 대하여 조합원이 의결취소나 무효 확인청구를 할 대상은 아니다. 농업협동조합법 제163조에 의하면 "농림축산식품부장관은 조합 등과 중앙회의 총회나 이사회가 의결한 사항이 위법 또는 부당하다고 인정하면 그 전부 또는 일부를 취소하거나 집행을 정지하게 할 수 있다."라고 되어 있다.

이사회는 미리 통지한 사항에 한하여 의결할 수 있다. 다만, 긴급한 사항으로써 출석구성원 3분의 2 이상의 찬성이 있을 때에는 의장은 이를 이사회에 부의하여야 한다.

조합과 이사회 구성원 간에 이해가 상반되는 의사에 관하여 해당 구성원은 의결에 참여할 수 없다. 이해관계 상반여부의 결정은 출석구성원 과반수의 찬성을 얻어야 한다(이사회운영규정 제11조).

### 가. 의결권

1) 조합원의 자격 심사 및 가입 승낙
2) 법정 적립금의 사용
3) 차입금의 최고 한도
4) 경비의 부과와 징수 방법
5) 준조합원 가입금
6) 사업 계획 및 수지예산收支豫算 중 정관이 정한 사항 외의 경미한 사항의 변경
7) 간부직원의 임면

8) 정관으로 정하는 금액 이상의 업무용 부동산의 취득과 처분

9) 업무 규정의 제정·개정 및 폐지와 사업 집행 방침의 결정

10) 임원에 대하 징계 및 변상(조합장 및 감사의 경우에는 감독기관 또는 중앙회장으로부터 조치요구가 있는 경우)

11) 이용고배당 대상사업

12) 조합장 및 상임이사의 직무를 대행할 이사의 순서지정

13) 총회로부터 위임된 사항

14) 법령 또는 정관에 규정된 사항

15) 상임이사의 해임 요구에 관한 사항

16) 상임이사 소관 업무의 성과평가에 관한 사항

17) 제규정에서 이사회의 의결사항으로 규정한 사항

18) 그 밖에 조합장, 상임이사 또는 이사의 3분의 1 이상이 필요하다고 인정하는 사항

조합장 및 감사에 대한 감독기관 또는 중앙회장의 조치요구보다 가중하여 "직무의 정지"이상의 징계를 의결하고자 할 때는 총회에 상정한다.

조합장은 총회의결사항(임원의 선출, 조합장 및 감사에 대한 징계 및 변상은 제외)을 총회에 부의하기 전에 이사회의 심의를 거쳐야 하며 심의결과를 총회부의안건에 첨부하여야 한다.

## 나. 감독권

이사회는 의결된 사항에 대하여 조합장이나 상임이사의 업무집행

상황을 감독한다(이사회운영규정 제16조).

### 다. 보고 및 자료요구

이사회가 업무집행에 관한 의사결정을 하려면 사전에 지식과 정보가 필요하다. 따라서 관계직원에게 이와 관련한 보고와 자료를 요구할 수 있을 것이다. 관계직원은 정당한 이유가 없다면 협조하여야 할 것으로 본다.

### 6. 휴회 및 회기연장

가. 회의진행 도중 퇴장한 이사가 많아 잔여 이사의 수가 의사정족수에 미달한 때는 의장은 정회, 휴회 또는 회기연장의 조치를 취하여야 한다.

나. 회기연장은 이사회의 의결로서 행하며, 이 경우에는 회의소집통지 규정을 적용하지 아니한다(이사회운영규정 제12조).

## 제4절 감사기관

### 1. 법정기관

농업협동조합법 제45조 의하면 "감사를 두되, 그 정수는 정관으로 정한다."라고 되어있다.

## 2. 상설기관

조합의 감사는 상설기관이다. 상설기관이라 함은 일정한 절차 없이 활동이 가능한 기관을 말한다. 따라서 감사는 필요할 때는 언제나 감사권을 행사할 수 있다.

## 3. 독립기관

감사는 2인을 두고 있더라도 독립하여 그 권한을 행사할 수 있다.

## 4. 회의체기관

감사기관은 회의체 기관으로서의 역할을 수행할 수 있다.

## 5. 직무권한

1) 감사는 지역농협의 재산과 업무집행상황을 감사하며, 전문적인 회계감사가 필요하다고 인정되면 중앙회에 회계감사를 의뢰할 수 있다.
2) 감사는 지역농협의 재산 상황이나 업무 집행에 부정한 사실이 있는 것을 발견하면 총회에 보고하여야 하고, 그 내용을 총회에 신

속히 보고하여야 할 필요가 있으면 정관으로 정하는 바에 따라 조합장에게 총회의 소집을 요구하거나 총회를 소집할 수 있다.

3) 감사는 총회나 이사회에 출석하여 의견을 진술할 수 있다.

4) 감사의 직무에 관하여는 「상법」 제412조의5·제413조 및 제413조의2를 준용한다.

## ■ 상법 준용 내용

**상법 제412조의5(자회사의 조사권)** ①모회사의 감사는 그 직무를 수행하기 위하여 필요한 때에는 자회사에 대하여 영업의 보고를 요구할 수 있다.

②모회사의 감사는 제1항의 경우에 자회사가 지체 없이 보고를 하지 아니할 때 또는 그 보고의 내용을 확인할 필요가 있는 때에는 자회사의 업무와 재산상태를 조사할 수 있다.

③자회사는 정당한 이유가 없는 한 제1항의 규정에 의한 보고 또는 제2항의 규정에 의한 조사를 거부하지 못한다.

**상법 제413조(조사·보고의 의무)** 감사는 이사가 주주총회에 제출할 의안 및 서류를 조사하여 법령 또는 정관에 위반하거나 현저하게 부당한 사항이 있는지의 여부에 관하여 주주총회에 그 의견을 진술하여야 한다.

**상법 제413조의2(감사록의 작성)** ①감사는 감사에 관하여 감사록을 작성하여야 한다.

②감사록에는 감사의 실시요령과 그 결과를 기재하고 감사를 실시한 감사가 기명날인 또는 서명하여야 한다.

## 6. 대표권

농업협동조합 제47조(감사의 대표권)에 의하면 "지역농협이 조합장이나 이사와 계약을 할 때에는 감사가 지역농협을 대표한다."라고 되어 있다. 지역농협과 조합장 또는 이사 간의 소송에 관하여도 대표권을 행사한다.

## 7. 총회소집청구권

농업협동조합법 제36조(총회의 소집청구)의거 조합원은 조합원 300인이나 100분의 10 이상의 동의를 받아 소집의 목적과 이유를 서면에 적어 조합장에게 제출하고 총회의 소집을 청구할 수 있다. 조합장은 조합원들의 청구를 받으면 2주일 이내에 총회소집통지서를 발송하여야 한다.

이때 총회를 소집할 사람이 없거나 2주일 이내에 정당한 사유 없이 조합장이 총회소집통지서를 발송하지 아니할 때에는 감사가 5일 이내에 총회소집통지서를 발송하여야 한다.

감사가 기간 이내에 총회소집통지서를 발송하지 아니할 때에는 소집을 청구한 조합원의 대표가 총회를 소집한다. 이 경우 조합원이 의장의 직무를 수행한다.

농업협동조합법 제46조 제7항에 의거, 감사는 지역농협의 재산 상황이나 업무 집행에 부정한 사실이 있는 것을 발견하면 총회에 보고하여야 하고, 그 내용을 총회에 신속히 보고하여야 할 필요가 있으면 정관으로 정하는 바에 따라 조합장에게 총회의 소집을 요구하거나 총회를 소집할 수 있다.

## 8. 유지청구권

농업협동조합법 제55조(「민법」·「상법」의 준용)

**상법 제402조(유지청구권)** 이사가 법령 또는 정관에 위반한 행위를 하여 이로 인하여 회사에 회복할 수 없는 손해가 생길 염려가 있는 경우에는 **감사 또는 발행주식의 총수의 100분의 1 이상**에 해당하는 주식을 가진 주주는 회사를 위하여 이사에 대하여 그 행위를 유지(중지)할 것을 청구할 수 있다.

※ 여기에서 "발행주식 총수의 100분의 1 이상"을 "조합원 100인 이상 또는 100분의 1 이상"으로 해석할 수 있다.

## 9. 소권

### 가. 설립무효의 소

**농업협동조합법 제18조(지역농협의 성립)** ②지역농협의 설립 무효에 관하여는 「상법」 제328조를 준용한다.

 **상법 제328조(설립무효의 소)** ①회사설립의 무효는 주주·이사 또는 감사에 한하여 회사성립의 날로부터 2년 내에 소만으로 이를 주장할 수 있다.

 ②제186조 내지 제193조의 규정은 제1항의 소에 준용한다.


 **나. 합병무효의 소**


 **농업협동조합법 제75조** ⑧조합의 합병 무효에 관하여는 「상법」 제529조를 준용한다.

 **상법 제529조(합병무효의 소)** ①합병무효는 각 회사의 주주·이사·감사·청산인·파산관재인 또는 합병을 승인하지 아니한 채권자에 한하여 소만으로 이를 주장할 수 있다.

 ②제1항의 소는 제528조의 등기가 있은 날로부터 6월내에 제기하여야 한다.


 10. 감사록 작성의 의무


 농업협동조합법 제46조 ⑨감사의 직무에 관하여는 「상법」 제412조의5·제413조 및 **제413조의2를 준용**한다.


 **상법 제413조의2(감사록의 작성)** ①감사는 감사에 관하여 **감사록을 작성**하여야 한다.

 ②감사록에는 감사의 실시요령과 그 결과를 기재하고 감사를 실

시한 감사가 기명날인 또는 서명하여야 한다.


## 제5절 기타 회의체

### 1. 운영평가자문회의

#### 가. 구성 · 운영

지역농협은 지역농협의 건전한 발전을 도모하기 위하여 조합원 및 외부 전문가 15명 이내로 운영평가자문회의를 구성 · 운영할 수 있다(농업협동조합법 제44조).

#### 나. 운영상황 이사회 보고

운영평가자문회의는 지역농협의 운영상황을 평가하였으면 그 결과를 이사회에 보고하여야 한다.

#### 다. 평가결과 총회보고

이사회는 운영평가자문회의의 평가결과를 총회에 보고하여야 한다.

#### 라. 평가결과 적극반영

조합장은 운영평가자문회의의 평가결과를 지역농협의 운영에 적극 반영하여야 한다.

**마. 운영사항 정관으로 정함**

운영평가자문회의의 구성과 운영에 필요한 사항은 정관으로 정한다.

**2. 조합선거관리위원회**

**가. 구성 · 운영 등**

지역농협은 임원 선거를 공정하게 관리하기 위하여 조합선거관리위원회를 구성 · 운영한다(농업협동조합법 제51조).

**나. 자격 및 구성원 수**

조합선거관리위원회는 이사회가 조합원(임직원은 제외한다)과 선거의 경험이 풍부한 자 중에서 위촉하는 7명 이상의 위원으로 구성한다.

**다. 운영에 관한 사항 정관으로 정함**

조합선거관리위원회의 기능과 운영에 필요한 사항은 정관으로 정한다.

## 라. 선거관리위원회 위탁

지역농협은 조합원에 의하여 직접 선출하는 조합장 선거의 관리에 대하여는 정관으로 정하는 바에 따라 그 주된 사무소의 소재지를 관할하는 「선거관리위원회법」에 따른 구·시·군선거관리위원회(이하 "구·시·군선거관리위원회"라 한다)에 위탁하여야 한다.

## 마. 전과기록 조회

지역농협의 조합장 선거를 수탁·관리하는 구·시·군선거관리위원회는 해당 지역농협의 주된 사무소의 소재지를 관할하는 검찰청의 장에게 조합장 선거 후보자의 벌금 100만원 이상의 형의 범죄경력(실효된 형을 포함하며, 이하 이 조에서 "전과기록"이라 한다)을 조회할 수 있으며, 해당 검찰청의 장은 지체 없이 그 전과기록을 회보하여야 한다.

조합장 선거를 제외한 임원 선거의 후보자가 되고자 하는 자는 전과기록을 본인의 주소지를 관할하는 국가경찰관서의 장에게 조회할 수 있으며, 해당 국가경찰관서의 장은 지체 없이 그 전과기록을 회보하여야 한다. 이 경우 회보 받은 전과기록은 후보자등록 시 함께 제출하여야 한다.

제5장

# 회의 진행 실제

# 제5장 회의 진행 실제

## 1. 회의의 주재

모든 회의의 주재는 조합장이 한다. 그러나 사정에 따라 또는 조합장의 부재로 다른 이가 회의를 주재 할 수 있다. 의장이 될 수 있는 자는 다음과 같다.

1) 조합장
2) 이사 대표
3) 감사
4) 조합원 대표
5) 청산인 대표

의장의 의사활동은 매우 중요하다. 회의 진행의 성패를 가름할 수 있기 때문이다. 또한 회의장 분위기를 조성하고 통제하는 데 있어서도 매우 중요한 역할을 한다. 의장의 역할을 열거해 보면 다음과 같다.

1) 의장은 회의 내용과 진행순서에 대해 전반적으로 숙지하고 있어야 한다.

2) 의장은 개인의견을 말하기보다 진행발언에 신경을 써야 한다.

3) 진행 시나리오를 준비하거나 반드시 메모 필기구를 준비하여야 한다.

4) 회의장을 소란하게 하거나 회의 방해를 유도하는 사람은 엄중 경고조치하고 그래도 말을 듣지 않으면 배석한 직원들을 동원해 퇴장 조치한다.

5) 회의장에서 행패를 부리거나 폭력행사를 하는 경우에는 경찰에 신고 조치하도록 한다.

6) 안건과 관계없는 발언은 중지시키고 욕설이나 불미스러운 행위를 하는 경우에는 퇴장을 명할 수 있다. 회의 참석자는 의장의 회의 진행에 대하여 적극적인 자세로 협조하여야 한다.

7) 회의시간을 많이 소요하게 하는 자의 발언은 통제할 필요가 있다. 발언 내용을 요약해서 발표하도록 주의를 촉구해야 한다.

실무자로서 일선에서 회의 진행을 지켜보다 보면 트집 잡기나 불만요소 등 다양한 자기 이야기를 장시간 토로하는 경우가 있다. 기관장을 지적하고 무안을 주면서 제안자를 곤란하게 만드는 경우이다. 길게는 몇 시간을 연장하여 밤늦게까지 진행하기도 한다. 회의 결과를 보면 너무 가슴만 아플 뿐이다. 실속이 없고 고의적인 경우가 많기 때문이다. 이런 상황을 살펴볼 때 의장의 역할이 무엇보다 중요하다는 것을 실감하게 된다. 위원이나 참석자의 발언에 끌려다니다 보면 지루한 회의, 실속 없는 회의로 시간만 낭비하게 된다. 무엇보다 집행기관에 많은 상처를 안길 수 있다. 의결을 받아야만 하는 집행기관의 약점을 노린 야비한 경우이다.

의장은 회의가 효율적으로 진행되도록 유도하고 통제해야 한다.

때에 따라서는 강력한 권한으로 의사를 주재하고, 발언중지, 퇴장 등 필요한 조치를 취할 필요가 있다고 본다.

8) 발언권은 공정하고 평등하게 기회를 주어야 한다.

9) 회의의 순서와 절차를 잘 준수해야 한다.

10) 장내 질서 안정을 위해 잠시 쉬는 시간을 갖는 등의 정회조치를 할 수 있다.

너무 열띤 토론으로 분위기가 고조된 경우나 장내가 어수선한 경우 등에도 필요한 조치를 강구할 수 있다. 정회停會란 회의 도중 피로하거나 식사시간 확보, 심한 의견대립, 장내 소란 등으로 회의를 일시 정지하는 것을 말한다.

정회와 혼돈되기 쉬운 말로 휴회休會가 있는데, 휴회는 두 가지 의미로 쓰인다. 회의를 도중에 잠시 쉰다는 뜻과 회기 중 회의를 하지 않는 날을 말한다.

11) 참석회원이 부당한 발언이나 장시간 소요되는 발언 또는 폭력적인 행동을 보일 때에는 다른 회원이 의장에게 제지 등의 결단 촉구 발언을 해 줄 수 있다.


회의의 목적은 의견을 종합적으로 조정하여 의결로서 결과를 확정 짓는 절차라고 볼 수 있다. 모든 회의가 최소한의 시간으로 최대한의 효과를 가지려면 회의의 규칙을 의장뿐만 아니라 조합원들도 잘 알고 있어야 한다.

이상을 종합해서 **회의의 진행 원칙**을 들어본다.

## 가. 발언권의 원칙

발언권은 반드시 의장에게서 받아야 하며, 발언권을 얻는 경우에는 자신의 의사를 발언할 권리가 있다. 다만, 의장은 원활한 회의진행을 위하여 발언횟수, 시간, 내용 등에 제한을 가할 수 있다. 또한 의장은 회의 진행을 방해하는 자에게는 발언의 제지, 엄중경고, 퇴장조치 등 강력하게 대처하여야 한다. 그래도 질서유지가 어려우면 정회나 폐회를 선언할 수 있다. 속개되는 회의에서는 끝으로 중단되었던 발언자에게 우선 발언권을 준다.

## 나. 다수결의 원칙

안건의 의결은 찬성과 반대에 있어, 수가 많은 쪽으로 결정을 내린다. 다만, 법이나 규정으로 일정 수의 확보를 해야만 의결로 인정하는 것도 있다. 가부 동수인 경우에는 부결로 보는 것이 원칙이라 할 수 있다.

## 다. 심의하여 의결된 안건에 대한 재심의 금지원칙

한 번 부결된 안건은 같은 회기 중에는 다시 제출할 수 없다는 원칙이다. 다른 말로 "일사부재의一事不再議원칙"이라 한다. 이는 회의를 원만하게 진행하고, 의사진행을 방해받지 않기 위함이다. 부결된 안건 등을 다시 다룬다는 자체가 신뢰성을 해할 수 있다.

국회법 제92조나 각 지방의회 법에는 명시되었으나 농협관계법상에는 명문화된 규정이 없다, 따라서 재상정이 가능하다고 볼 수 있다. 하지만 재의결의 사례가 발생하지 않도록 의안처리에 신중을 기할 필요가 있다고 본다.

비슷한 용어로 일사부재리의 원칙이 있는 데, 이는 형사사건에서 적용된다.

일사부재리의 원칙은 헌법 제13조 제1항에 근거하며, 그 뜻은 한 번 판결된 동일사건에 대하여 다시 심판하지 않는다는 원칙이다.

### 라. 정족수의 원칙

정족수는 회의의 시작부터 표결까지 필요한 최소한의 인원수를 말한다. 정족수는 다시 크게 의사정족수와 의결정족수로 나눌 수 있다.

의사정족수는 회의를 시작할 수 있는 인원의 충족여부의 수이다. 다시 말해 회의가 성립하는 데 필요한 최소한의 인원수를 말한다.

의사정족수의 예로 농업협동조합법 제38조(총회의 개의와 의결) "총회는 이 법에 다른 규정이 있는 경우를 제외하고는 **조합원 과반수의 출석으로 개의開議하고**"가 있다.

의결정족수란 표결에 의하여 가부간에 결정을 할 수 있는 최소한의 인원수를 말한다. 의결정족수에는 다시 일반의결정족수와 특별의결정족수가 있다.

일반의결정족수의 예로 농업협동조합법 제38조(총회의 개의와 의결) "총회는 이 법에 다른 규정이 있는 경우를 제외하고는 조합원 과반수의 출석으로 개의開議하고 **출석조합원 과반수의 찬성으로 의**

**결한다.**"가 있다.

특별의결정족수는 신중을 기하는 의안을 처리할 때, 일반정족수보다 더 많은 출석인원이나 찬성인원을 필요로 하는 경우이다.

특별의결정족수의 예로 농업협동조합법 제38조(총회의 개의와 의결) 단서조항 "다만, 제35조제1항제1호부터 제3호까지의 사항은 조합원 과반수의 출석과 출석조합원 3분의 2 이상의 찬성으로 의결한다."가 있다.


### 마. 회기계속의 원칙

회기란 개회로부터 폐회까지의 기간을 말한다.

회기 중에 의결하지 못한 의안을 다음 회기에서 계속 심의할 수 있다는 원칙이다. 회기계속의 원칙은 헌법 제51조에서 찾아볼 수 있다.

**헌법 제51조** 국회에 제출된 법률안 기타의 의안은 회기 중에 의결되지 못한 이유로 폐기되지 아니한다. 다만, 국회의원의 임기가 만료된 때에는 그러하지 아니하다.

대의원의 경우, 임기가 2년으로 동일 대의원이 차기회기에도 계속 재임하게 되므로 회기계속을 인정하는 것이 회의 운영에 바람직하다. 다만, 대의원의 임기가 만료된 경우에는 회기가 계속되지 않는다.

여기에 반대 되는 원칙으로 회기 중에 의결되지 않은 의안은 다음 회기에 계속하여 심의하지 않는 것을 회기불계속의 원칙이라 한다.

## 바. 회의 공개의 원칙

특별한 경우를 제외하고는 일반적으로 회의는 공개된다.

대의원회의 경우 이사, 감사, 간부직원, 관계직원 등이 배석할 수 있다(대의원회운영규약 제14조)

대의원회의 결과에 따른 의사록은 주사무소나 지사무소에 비치하여 공개하도록 되어 있다(대의원회운영규약 제18조 제3항).

## 사. 1일 1차 회의 원칙

회의는 1일 1차 회의만을 개최할 수 있다. 농협의 경우 회의시간을 하루 이상 벗어날 일은 없겠지만, 하루를 벗어날 정도의 회의시간이 소요된다면 날을 달리하여 차수를 늘리거나 변경하여야 한다.

유회 또는 산회를 선포하였을 경우, 당일에는 다시 회의를 열지 않는 것이 원칙이다.

## 아. 하나 의제의 원칙原則

회의에서는 하나의 의제를 상정하여 토론을 하고 수정의견 등을 거쳐서 표결로 채택 여부가 의결되기 전까지는 다른 의안을 상정할 수 없다고 보는 원칙이다. 의장은 의안을 차례대로 상정하고 처리하여야 함이 원칙이다. 예외적으로 일괄상정이 있다.

### 자. 폭력暴力의 배제排除 원칙

회의에서 열띤 토론을 하다 보면 감정을 못 이겨 욕설을 하고 심하게는 몸싸움으로 번지는 경우도 있다. 회원을 비롯한 그 누구도 폭언이나 폭력을 행사하여서는 안 된다는 원칙이다. 이때 의장은 당해 회원을 퇴장조치 하여야 한다.

### 차. 표결 정정 및 조건부 표결 금지 원칙

회원이 찬성의 의사표시를 하고 나서 생각해보니 착오였음을 알았더라도 이미 표결이 종료 되었으면 정정할 수 없다. 표결에 대해서는 조건을 붙일 수 없다.

## 2. 회의 관련 용어 해설

◇ 가결可決 - 회의에서, 제출된 안건 따위를 투표나 다른 표결방법의해 의안이 옳다고 결정하는 것이다.

◇ 개의開議 - 안건에 대한 토의를 시작하는 것이다. 개의는 여러 날의 회의 중 매일의 회의를 시작한다는 뜻으로 쓰이기도 한다.

◇ 개의改議 - 상정된 의제 내용을 고치는 것에 대하여 토론하는 것을 말한다. 원안의 내용을 좀 더 구체화한다든지 명료화하여 자세한 내용이 될 수 있도록 원안의 일부를 수정하는 것이다. 토론 중

에 수정 동의를 제출할 수 있다.

◇ 개회開會 - 회의나 모임을 절차에 따라 시작하는 것이다.

◇ 구두동의 - 구두에 의한 안을 발의할 때에는 의장에게 발언권을 얻어 발의하게 된 상황이나 이유를 설명하고 끝부분에 "OOO할 것을 동의합니다."라고 하면 된다.

◇ 동의同意 - 의안이나 발언에 대해 찬성의 뜻을 표하는 것이다. 구두 또는 서면 등 모두 가능하다. "OOO의 의견에 대해 동의합니다."라고 대답한다.

◇ 동의同義 - 회의에서 안을 제출하는 것이다. 발의자가 "OOO을 동의합니다."라고 안을 제안하면 의장은 "이에 재청합니까?"라고 안건 상정여부를 묻는다.

◇ 발의發議 - 회의에서 심의하고 토의할 안건을 제출함. 회의에서 어떤 의견이나 이의를 냄.

◇ 번안동의 - 이미 의결된 안건에 대하여 그 의결 내용을 번복하고 다시 심의 의결하기 위하여 발의하는 동의이다.

◇ 보류保留 - 안건 따위의 처리를 나중으로 미룸을 말한다.

◇ 부결否決 - 회의에서 의논한 안건을 승인하지 않기로 결정함

◇ 부의 - 안건이 심의될 수 있는 상태에 있게 함

◇ 산회散會 - 회기 중 그날의 회의를 마치는 것이다.

◇ 삼청三請 - 재청을 찬성하며 거듭 청함을 말한다.

◇ 상정上程 - 토의할 안건을 회의에 내어놓음.

◇ 서면동의 - 안건 발의를 함에 있어, 일정 수 이상의 찬성을 요하는 동의를 말한다. 서면동의에는 동의의 언명, 발의자, 동의주문, 동의이유 등을 기재하여야 한다. 첨부添附 서류로 찬성자 서명 명부를

제출한다. 조합원이나 대의원 연명에 의한 안건발의 형식과 같다.

◇ 선언宣言 - 회의나 경기 따위에서, 의장이나 심판이 회의나 경기의 시작 및 종료, 중단, 규칙 위반 여부 따위의 진행에 관련된 사항을 구성원 전체에게 공개적으로 알리는 것을 말한다.

◇ 선포宣布 - 어떤 일이나 법규 따위를 세상에 널리 알리는 것을 말한다.

◇ 속개續開 - 중단된 회의를 다시 시작함

◇ 수정가결 - 상정된 원안을 일부 수정하여 가결함

◇ 수정동의 - 제안된 안건의 일부를 수정하여 심사하는 동의이다.

◇ 안건案件 - 의사일정이나 상정여부와 관계없이 논의나 심의의 대상이 되는 모든 사안

◇ 원안가결 - 상정된 의안을 변동이나 수정 없이 그대로 통과시킴

◇ 유회流會 - 구성원이 모자라거나 그 밖의 사정으로 회의가 성립되지 않는 것이다. 의사정족수 미달로 회의가 무산되는 경우이다. 일정시간까지 구성원 참석이 미달될 경우에 의장은 유회를 선포하여야 한다.

◇ 의결 - 표결에 부친 안건에 대하여 그 결과에 따라 가결 또는 부결을 최종적으로 결정하는 것이다. 의결에는 원안가결, 수정가결, 부결 등이 있다.

◇ 의안議案 - 많은 안건 중에서 특별한 형식적 요건을 갖춘 것으로서 수정안 제출이 가능한 것

◇ 의안의 철회 - 의안의 철회란 일단 유효하게 접수된 안건을 사후에 변경사유를 들어 되돌려 주거나 없던 것으로 처리하는 것이다. 안건의 제안자는 안건 상정 전에 그 안을 철회할 수 있다고 본

다. 지역농협의 경우 안건 제안자로 조합장, 이사회, 감사, 조합원 연명 또는 대의원 연명 자가 있다. 철회방법은 철회하고자 하는 안건의 제목과 발의자가 서명·날인한 철회서를 조합장에게 제출하여야 한다. 발의자가 연대하여 의안을 제출한 경우에는 발의자 전원의 찬성을 득해야 할 것이다. 일부 발의자의 임의 철회 요구는 받아들이기 어렵다고 볼 수 있다. 철회는 회의가 열기기 전까지는 가능하다고 본다. 만약 회의에 상정된 경우라면 "철회의 동의건"으로 안건을 상정하여 철회여부를 결정하거나 안건을 상정하지 않고 이의 유무를 물어 처리할 수 있다. 철회 부분에 대한 관계된 법이나 규정이 있는 경우에는 그에 따르면 된다.

◇ 의사일정議事日程 – 회의 개최 일시와 안건의 순서 등 회의진행 상황을 작성한 예정서. 대개의 경우 문서형식으로 작성함. 의사일정은 조합장이 작성한다.

◇ 의제議題 – 당일의 회의에서 논의하기 위해 의사일정에 상정된 심의 대상의 제목

◇ 이의異議 – 의견이나 주장을 달리함. 다른 의견이 있는 것

◇ 일괄상정—括上程 – 안건을 상정함에 있어서는 한 의안을 상정하는 것이 원칙이다. 그러나 때에 따라서는 서로 밀접하게 관련되어 있는 안건은 2개 이상 함께 상정하여 심사하는 경우도 있다.

◇ 재再개의改議 – 원안을 1차로 수정한 것이 개의라면 재개의는 수정 동의한 내용을 한 번 더 수정하는 것을 말한다.

◇ 재상정再上程 – 회의석상에 이미 내어놓았던 토의한 안건을 다시 내어 놓음을 말한다.

◇ 재청再請 – 남의 동의動議에 대하여 찬성하는 것이다.

◇ 정회停會 - 개회 중에 한때 그 활동을 멈춤. 회의를 일시 중지함.

◇ 종결終結 - 회의에 제안된 안건을 끝마치는 것

◇ 질문 - 독립된 하나의 의제로서 의사일정에 상정되는 것을 말한다. 조합에 관한 전반에 대해 묻는 것을 말한다.

◇ 질의 - 의제가 된 안건에 관해 의문사항이나 문제점에 대하여 제안자에게 답변을 듣는 안건 심의 절차이다.

◇ 폐회閉會 - 회기가 다 되어서 끝나는 것이다.

◇ 표결 - 안건의 찬성, 반대 즉 가결과 부결을 결정하는 절차이다. 표결 방법에는 거수, 기립, 투표 등이 있다. 표결에 있어서 수정안이 있는 경우에는 수정안을 먼저 표결하고, 수정안이 부결될 경우에는 원안을 표결한다.

◇ 표결선언 - 표결에 들어갈 것을 선언하는 말이다.

◇ 표결결과선언 - 표결결과를 선언하는 것이다.

◇ 휴식休息 - 회의 중 잠간 쉴 때 휴식이란 말을 쓴다.

◇ 휴회休會 - 회기 중 의결에 의하여 일정 기간 동안 활동을 일시 중지하는 일. 회원 간의 이견으로 장시간 회의를 못함으로 인해 며칠 쉬는 것이다. 휴회는 여러 날의 회기 중 일부 회의를 쉬는 것이다.

◇ 회기會期 - 개회하여 폐회하기까지의 기간. 회의가 열리는 시기. 개회로부터 폐회까지의 기간


## 3. 의사봉의 사용


의사봉議事棒이란 국회와 같은 의결 기관의 장이 개회, 의안 상정, 가결, 통과, 부결, 폐회 따위를 선언할 때 목판을 두드리는 기구이

다. 각종 회의를 통제하는 일종의 사무용품으로 사회봉司會棒이라고도 한다.

재판에서도 판사가 피고의 형량을 확정지을 때 사용하였지만, 대한민국 사법부의 경우 판사의 권위주의를 탈피하기 위하여 법정에 의사봉을 없애고, 판결의 확정을 "주문의 낭독"으로 대신하기도 한다.

세계적으로 볼 때 의사봉은 영국의 의회에서 처음 사용했다는 추측이 있다. 하지만 현재 영국 의회에서는 사용되지 않는다.

우리나라 국회의 경우 하와이 교민회로부터 의사봉을 기증 받은 것을 시초로 본다.

의사봉 자체의 법적 효력은 없다. 의사봉이 가지는 그 상징성 때문에 사용될 뿐이다. 국회의 경우 웃음이 나오는 해프닝으로 부결을 바라는 쪽에서는 의사봉을 뺏으려고 하고 가결을 원하는 쪽은 어떻게든 의사봉을 치려는 몸싸움을 보이기도 한다.

내리치는 횟수는 우리나라 국회에선 3번이지만 중화민국 입법원이나 미국 의회 등에서는 1번만 치는 나라들도 꽤나 많다. 세계 여러 나라의 의회에서 회의의 분위기가 지나치게 격화되었을 때는 이를 정리하기 위해서 여러 번 난타를 치기도 한다.

제헌制憲 국회부터 유래由來된 의사봉은 국회의장석國會議長席 오른편에 두고 사용使用해 왔다. 과거에는 주로 박달나무로 사용되다가 최근最近에는 재질材質이 단단한 수입목輸入木으로 제작한다.

각 단계段階로 나누어 첫 번째 칠 때는 합의나 결정의 선포, 두 번째는 선포사항의 잘못 또는 이의異議여부 확인, 세 번째는 합의나 의결에의 승복承服을 의미로 해석하는 이도 있다.

또한 첫 번째 의사봉은 '합의合議'의 의미로, 두 번째는 '재청再請'의 의미로 그리고 마지막에는 가결可決이나 선포宣布의 의미로 해석하는 이도 있다.

결론적으로 의사봉에 어떤 의미를 두는 것보다 회의 진행 자체를 말끔히 정리해 가려는 방편으로 사용되어져야 한다고 본다.

"의사봉 3타" 생각하기에 따라 다르겠지만 관행대로 사용되어도 무방하다고 본다.

## 4. 회의진행 순서

### 1) 회의장 주의 환기(사회자)

회의를 시작하겠다는 안내 말을 하면서 회의장 분위기를 조성하도록 협조를 구한다.

### 2) 국민의례

### 3) 시상식 등

### 4) 내빈, 임원, 직원 등의 소개

### 5) 기관장 인사말

이때는 기관장으로서의 인사말이기 때문에 회의 안건의 가결에 대한 필요성을 피력할 수 있다.

### 6) 성원보고(사회자)

전체 회원(임원) 00명 중 00명이 참석하였으므로 성원이 되었음을 보고합니다. 사회자의 별도의 성원보고 없이 의장이 바로 성원보고와 함께 개회 선언을 할 수 있다.

### 7) 개회 선언(의장)

성원이 되었으므로 개회를 선언합니다. - 의사봉 3타
여기에서 성원成員이란 회의 성립에 필요한 인원을 말한다.
조합원 총회의 경우 다른 규정이 있는 경우를 제외하고는 "조합원 과반수의 출석으로 개의開議한다."라고 되어 있다. 여기에서 조합원 과반수가 성원 인원수이다. 개의란 회의가 열림을 의미한다. 개회는 회의의 시작을 말한다.
"과반수"의 의미는 의사정족수라고 말할 수 있다.
정족수란 회의진행에 있어 꼭 필요한 인원수를 말한다. 정족수에는 의사정족수와 의결정족수가 있다.
의사정족수란 회의를 개최하려는데 필요한 인원수를 말한다. 회의가 끝날 때까지 일정 수 이상의 인원이 참석하고 있어야 회의가 성립한다.
의결정족수란 회의에 상정된 의안을 결정하는 데 필요한 인원수를 말한다. "재적의원 과반수의 출석과 출석의원 과반수의 찬성으로 의결한다."에서 "출석의원 과반수의 찬성"부분이 의결정족수이다.

개회선언을 하면서 의장 인사말을 듣기도 한다.

의사정족수 부족으로 회의가 열리지 못함을 "유회流會"라고 한다.

### 8) 각종 보고

의장은 전차에 이루어진 회의록 낭독, 경과보고, 사업보고, 활동보고, 회계 보고, 기타사항 보고 등이 있으면 이루어지도록 한다.

회의록 낭독의 결과 승인이 되면 지명된 자가 서명 또는 날인하여야 한다.

감사의 감사보고는 동의 및 재청의 대상이 아니다. 참석자가 궁금한 것이 있으면 의장으로부터 발언권을 얻어서 감사에게 질문할 수 있다.

보고할 건수나 사항이 많을 경우, 또는 시간이 많이 소요될 경우에는 서면보고로 대체할 수 있다. 이때 보고사항은 의제가 아니기 때문에 토론의 대상이 될 수 없다.

### 9) 의사록 기록자와 확인 서명자 지명

### 10) 회기 상정

회기는 보통 안건 자료 송부할 때 안내하게 되어 있다. 그러나 다시 명확하게 결정하기 위해 회기를 상정한다. 회기를 정함으로서 회의의 소요기간이나 시간을 확정하는 의미가 있다. 회의 시간을 명확히 통제하기 위한 방법이기도 하다.

회기會期란 개회로부터 폐회까지의 기간을 말한다.

회기를 상정한 후 구두 동의를 얻어 가결 – 의사봉 3타

동의同意란 발언에 대해 찬성의 뜻을 표하는 것을 말한다.

의사일정이란 회의에서 정한 개회일시, 회의시간, 회의 항목, 진행순서 등을 포괄적으로 가리켜 말한다.

일반적으로 단순한 회의에서는 회기상정은 생략하는 경우가 많다.

국회나 큰 단체에서는 회의를 하루 이상 여러 날 계속할 때 회기라는 말을 쓴다.

## 11) 안건채택

회기에 맞춰 처리할 안건의 순서를 낭독한다. – 의사봉 3타

안건이란 논의와 의결의 대상이 되는 모든 사안을 말한다.

안건의 순서를 변경하거나 다르게 할 경우에는 동의 및 재청을 얻어서 진행하여야 한다. 의장 마음대로 변경하면 회의에 혼선을 초래할 수 있다.

## 12) 안건 상정 – 의사봉 3타

## 13) 제안 설명

부의된 안건에 대하여 상세한 설명하는 절차를 말한다.

## 14) 질의 답변

제안 설명된 의안의 의문점을 의장의 발언권을 얻어 질문하고 제안자가 답변하는 형식으로 진행된다. 질문답변 방식에는 일문일답식과 총괄 답변식이 있다. 질의가 끝나면 토론에 들어간다.

질의에서는 찬성이냐 반대이냐의 내용보다 의문점에 대해 말하는 것이다.

## 15) 토론

질의가 끝나면 토론에 들어간다. 의장이 발언권을 줄 때는 찬성 쪽과 반대쪽에 번갈아 가며 주되, 찬성 쪽의 발언권을 먼저 주면 된다. 토론 중일 때에는 잡담을 하거나 자리 이석 등 토론을 방해하는 행위를 해서는 안 될 것이다. 토론이 끝나갈 무렵에 의장은 토론의 종결여부를 묻고 토론에 참가하지 않은 임원의 동의로 토론 종결 선언을 한다. - 의사봉 3타

### ■ 수정안의 발의

수정안이란 원안의 내용을 추가하거나 삭제, 변경 등을 가하는 것이다.

토론을 하는 과정에서 수정안이 발의 되면 의외로 당황하기 쉽다. 때로는 원안을 대충 고치고 "원안가결"로 끝나버리는 경우가 많다.

그러나 원안에 대한 수정안이 접수되었을 때에는 수정안부터 차

분하게 처리하여야 한다. 수정안은 여러 개의 안을 가질 수 있다. 따라서 수정안 각각을 독립적인 안건으로 처리하여야 한다.

수정안의 표결 순서는 원안과 거리가 먼 내용부터 표결하고, 내용의 차이가 없다면 맨 나중에 접수된 안건부터 역으로 표결한다.

부의된 수정안 모두가 부결되면 다시 원안을 표결하게 된다.

### 16) 표결

회의의 결과를 마무리하는 최종의 방법이며 필수적인 절차이다.

표결의 단계에 이르렀을지라도 다수의 의견으로 안건의 처리를 거부할 수 있으며 휴회, 폐회 등으로 돌릴 수 있다. 이 안건은 다시 보류 또는 재상정할 수 있다.

보류保留란 안건 따위의 처리를 나중으로 미룸을 말한다.

표결의 인원수 계산에 있어서 소수점 발생 시 삭제된다. 사사오입 등은 허용되지 않는다. 이상과 이하는 기준수량을 포함하고, 미만과 초과는 기준수량을 포함하지 않는다.

참고로 캐스팅 보트casting vote가 있다. 표결에서 가부동수可否同數가 나왔을 때 결과를 결정하게 되는 표를 말한다. 가부동수란 찬성표와 반대표의 수가 같은 것이다. 표결에서는 의장이 가지는 결정권을 의미한다. 우리나라 국회에서는 허용되지 않는다. 따라서 가부동수인 경우에는 부결로 처리된다.

의장은 가결에 있어 의결정족수에 해당하는 지를 확인하여야 한다. 의장은 가결이나 부결의 결과를 선언하여야 하여야 한다. 표결의 방법에는 거수擧手, 기립起立, 투표投票, 구두口頭 등이 있다.

### 가) 구두표결

소리로 판단하는 거부 결정 방법이다. 특별한 반대 의사가 없을 것으로 판단될 때 구두 표결을 많이 한다. 전원 박수 등으로 표결에 갈음할 수도 있다.

### 나) 거수표결

손을 들어 찬반에 대하여 결정하는 방법을 말한다, 대체로 간단한 표결방법이다.

### 다) 기립표결

자리에서 일어나는 것으로 찬·반을 결정하는 방법이다. 대체로 중요한 표결을 할 경우의 방법이다. 각종 선거나 인사문제 등 신상에 관한 사항은 피해야 할 표결방법이기도 하다.

### 라) 투표 표결

투표표결 방법에는 다시 기명투표와 무기명 투표가 있다.

기명투표記名投票란 투표용지에 투표하는 사람의 이름을 밝혀 적어서 하는 투표 방식을 말한다.

무기명투표無記名投票란 투표용지에 투표하는 사람의 이름을 쓰지 않는 방식의 비밀 투표를 말한다. 그 밖에 투표방법에는 다음과 같은 방식이 있다.

단기 무기명투표單記無記名投票란 투표 방법의 하나로 투표용지에 피선거인 하나만을 적고 선거인의 이름은 적지 않는 방식이다.

단기명투표單記名投票란 한 선거인이 하나의 투표용지에 한 후보자만 지정하는 투표이다.

연기명투표連記名投票란 한 선거구에서 여러 명의 의원을 뽑을 때에, 선거인이 한 개의 투표용지에 정원수대로 피선거인의 이름을 적어서 하는 투표방식이다.

제한연기명투표制限連記名投票란 대선거구의 연기 투표제에 대한 보정 방법이다. 3인 이상의 정원을 가진 대선거구를 전제로 하여 각 선거인이 나란히 잇대어 적을 수 있는 후보자의 수를 정원보다 적게 하는 방법이다.

교차투표交叉投票란 제출된 의안을 표결할 때, 의원이 소속 정당의 당론과는 상관없이 유권자의 태도나 자기 자신의 판단 및 소신에 따라 행하는 투표 방식이다.

표결 수는 출석회원 수와 관계없이 찬성과 반대를 비교하여 많은 수 쪽으로 결정하는 방법으로 한다.

의결정족수를 기준 잡을 때 과반수란 말을 많이 사용한다.

여기에서 과반수過半數란 절반이 넘는 수를 말한다. 따라서 찬반 동수일 경우에는 부결로 처리한다.

### ■ 단순과반수

총 투표수의 과반수를 말한다.

## ■ 출석과반수

"조합원 과반수의 출석으로 개의開議하고 출석조합원 과반수의 찬성으로 의결한다."라고 했을 때의 출석과반수이다.

## ■ 재적在籍과반수

출석회원이 아니라 재적在籍회원 수에 기준을 두는 과반수이다.

## 17) 표결 결과 선언

의안 00호 00에 관한 건은 원안대로 가결되었음을 선언합니다. - 의사봉 3타

표결 결과는 가결과 부결이 있다.
가결可決이란 회의에서, 제출된 안건 따위를 투표나 다수결로 옳다고 결정함을 말한다.
부결否決이란 회의에서, 의논한 안건을 승인하지 않기로 결정함을 말한다.

## 18) 기타 안건이나 건의 사항

긴급동의緊急動議란 회의에서 예정된 의제 외에 중대하고 긴급한 안건이 있을 때, 그것을 우선적으로 처리하도록 제안하는 일을 말한다.

동의란 어떤 의견에 대해 일정한 형식을 갖추어 제안하는 것으로 반드시 무엇을 어떻게 하자는 식으로 구체적인 실행 내용이 있어야 한다.

동의는 재청에 의하여 성립되며 의장의 선언으로 의제로 상정된다. 동의한 건에 대하여는 재청이 있어야 의안으로 채택될 수 있고 토론으로 넘어갈 수 있다. 재청이 없으면 동의는 자동폐기된다.

농업협동조합법 제39조에 위하면 긴급한 사항으로서의 동의안 처리는 조합원 과반수의 출석과 출석조합원 3분의 2 이상의 찬성으로 가결한다.

## 19) 폐회선언

폐회閉會란 회의 또는 회기를 종결시키는 것을 말한다. 통상적으로 모든 부의 안이 심의되고 기타 토의가 완료되어 더 이상 의견이 없거나 시간이 종료되면 폐회를 선언한다.

누구도 집회의 의사에 반하여 회의를 강요할 수 없으므로 폐회의 동의는 우선권을 갖는다고 할 수 있다.

안건이 심의중일 때는 폐회의 동의를 할 수 없다.

폐회의 동의나 재청은 필요 없고 시간이 되면 의장이 폐회할 수 있다.

참고로 산회散會는 그날의 회의를 끝마치면서 흩어질 것을 선언하는 것이다. 따라서 먼저 산회를 선언하고 이어 폐회를 선언하기도 한다.

## 5. 회의록 작성

회의록이란 회의가 열리는 곳에서 이루어지는 모든 내용을 기록하여 보관하는 문서이다. 회의 때마다 회의록은 반드시 기록되어야 하며, 회의에서 결정된 사항을 증명할 수 있는 문서로 활용되기도 한다.

회의록 작성자는 미리 지정하거나 회의관련 담당부서 실무자가 기록한다. 또는 기록자를 내부규정으로 정해놓은 경우도 있다.

회의의 기록 내용에 포함되어야 사항으로는 날짜, 시간, 장소, 참석자, 회의 안건, 표결 결과 등은 반드시 기재되어야 한다.

다음으로 회의 내에서 발언한 사실이나 주요 내용을 기재한다. 표결 결과는 가능한 숫자로 적는다.

최종적으로 기록자와 참석자 중 회의록 확인자 서명 또는 날인을 받는다.

요즘은 간단한 녹음장비(동영상 등)가 많기 때문에 녹음을 해 두는 것이 좋다.

공식적인 회의는 회의록으로 정리하여 회의에 참가하지 않은 사람들과의 공유가 필요한 내용을 정리하여 회람할 수 있도록 하는 것이 좋다.

## 6. 회의 참석 범위

회의장에는 아무나 출입할 수 없다. 경우에 따라서는 개방하는 경우도 있지만 대부분의 경우 외부인 통제가 이루어진다.

이사회의 경우 조합장, 이사회 임원, 감사, 관계직원 등이 배석할 수 있다.

대의원회의의 경우 조합장, 대의원회 임원, 이사회 임원, 감사, 관계직원 등이 배석할 수 있다.

참여자 배석과 달리 발언권이나 투표권 등은 임원회 구성원에 한정됨이 원칙이다. 즉 대의원회의 경우 조합장과 대의원회 임원만이 발언권과 투표권이 있다. 감사에게는 필요에 따라 발언권만을 줄 수 있다.

회의장에 일반 개인 조합원이나 여타 일반인이 참여를 요구할 수 있으나, 조합의 성격상 불허함이 타당하다고 본다.

그 이유로 1) 우선 관계규정에 없고, 2) 외부인이 참여함으로써 감시당하는 분위기가 조성되며, 3) 참여 회원들의 의식된 발언이 많아질 수 있으며, 4) 조합의 영업기밀 등이 외부에 누출될 우려가 있어서이다.

# 제6장

# 임원의 선거

# 제6장 임원의 선거

## 제1절 조합선거관리위원회

### 1. 위원회 구성

농업협동조합법 제51조에 의하면 "지역농협은 임원 선거를 공정하게 관리하기 위하여 조합선거관리위원회를 구성·운영한다."라고 되어 있다.

조합선거관리위원회는 이사회가 조합원(임직원은 제외)과 선거의 경험이 풍부한 자 중에서 위촉하는 7명 이상 15인 이내의 위원으로 구성한다. 조합선거관리위원회의 기능과 운영에 필요한 사항은 정관으로 정하도록 하고 있다. 임원 후보자는 위원으로 위촉할 수 없다. 위원의 위촉기간은 위촉일로부터 2년간이다. 다만, 선거공고일 이후 임기가 만료된 때에는 당해 선거가 종료될 때까지 그 임기가 연장된다. 조합원이 위원일 경우, 조합원 자격을 상시하면 위원직도 상실한다.

위원회에는 위원장 1인과 부위원장 1인을 두되 위원들 중에서 호선한다.

## 2. 위원회 운영

위원장은 위원회를 대표하고 위원회를 소집하여 회의를 주재하며, 부위원장은 위원장을 보좌한다. 위원장이 부득이한 사유로 직무를 수행할 수 없을 때에는 위원장의 직무를 대행한다.

위원은 위원장이 업무를 지정하는 바에 따라 선거관리, 투표관리, 개표관리 사무를 분장 처리한다.

위원장은 중요한 사항에 대하여는 위원회에 부의하여 처리하여야 하며, 위원회의 의사결정은 구성원 과반수의 출석으로 개의하고 출석자 과반수의 찬성으로 의결한다.

위원이 궐원되면 이사회가 보충하되, 위촉기간은 전입자의 잔여기간으로 하며, 선거기간 중 궐원위원의 수가 2인 이내인 경우 위원장이 위원회 협의를 거쳐 궐원위원을 보충하고 그 사실을 다음 이사회에 보고한다.

이사회는 위원이 선거관리 사무를 행함에 있어 공정을 기하지 못하고 현저히 위반하였다고 판단하는 경우에는 해촉할 수 있다.

조합선거관리위원회를 둔 경우라도 조합장을 조합원이 직접 선출하거나 대의원회에서 선출하는 경우에 선거관리의 사무는 조합장의 임기만료일전 180일까지 조합의 주된 사무소 소재지를 관할하는 관할 위원회에 위탁하여야 한다.

재선거, 보궐선거 등은 선거의 실시 사유가 확정된 날로부터 5일까지이다.

합병의 의결, 합병권고나 거액의 금융사고 또는 천지지변 등으로 농림축산부장관 또는 중앙회장이 선거를 중지 권고한 경우에 있어,

그 사유가 해제되어 선거를 실시할 경우에도 5일까지이다.

다만, 동시조합장선거에서는 임기만료일전 180일에 별도의 신청 없이 위탁한 것으로 본다.

위원회에 간사 및 종사원을 두되, 위원장이 직원 중에서 위촉한다. 간사는 위원장을 보좌하여 위원회의 사무를 처리하고, 종사원은 위원장이 정하는 바에 따라 선거관리 사무에 종사한다.

위원과 감사 및 종사원은 선거관리 사무를 행함에 있어서 공정을 기하여야 한다.

조합은 위원회의 선거사무에 적극적으로 협력하여야 한다. 조합은 위원에 대하여 위원회 참석에 따른 실비를 지급할 수 있다.

위원회는 의사의 진행상황 및 결과를 기재한 의사록을 작성하고, 참석위원의 기명날인을 받아야 한다.


## 3. 위원회 직무

1) 임원후보자의 자격심사
2) 선거인명부의 확정
3) 선거인 자격 이의신청에 대한 판정
4) 선거관련 분쟁조정
5) 선거운동방법에 대한 위반여부의 조사 및 심사
6) 위반사례 발생 시 이에 대한 경고 및 기한을 정한 시정요구, 고발 등 필요한 조치와 위반 사실을 게시
7) 투표의 유효, 무효에 관한 이의 판정
8) 선거관리, 투표관리, 개표관리에 관한 사항

9) 투표소 및 개표소 설치에 관한 사항

10) 투표, 개표 참관인에 관한 사항

11) 투표소 및 개표소의 질서유지에 관한 사항

12) 선거홍보 및 선거운동 계도에 관한 사항

13) 기타 위원장이 필요하다고 인정하는 사항


※ 관련규정 – 지역농업협동조합정관례 제65조, 제66조, 제67조, 제68조


## 제2절 선거관리의 위탁

농업협동조합법 제51조에 의하면 조합장의 선거의 관리에 대하여는 정관으로 정하는 바에 따라 그 주된 사무소의 소재지를 관할하는 「선거관리위원회 법」에 따른 구 · 시 · 군 선거관리위원회(이하 "구 · 시 · 군 선거관리위원회"라 한다)에 위탁하도록 되어 있다. 지역농협의 조합장 선거를 수탁 · 관리하는 구 · 시 · 군 선거관리위원회는 해당 지역농협의 주된 사무소의 소재지를 관할하는 검찰청의 장에게 조합장 선거 후보자의 벌금 100만원 이상의 형의 범죄경력 (실효된 형을 포함하며, 이하 이 조에서 "전과기록"이라 한다)을 조회할 수 있으며, 해당 검찰청의 장은 지체 없이 그 전과기록을 회보하여야 한다. 조합장 선거를 제외한 임원 선거의 후보자가 되고자 하는 자는 전과기록을 본인의 주소지를 관할하는 국가경찰관서의 장에게 조회할 수 있으며, 해당 국가경찰관서의 장은 지체 없이 그

전과기록을 회보하여야 한다. 이 경우 회보 받은 전과기록은 후보자등록 시 함께 제출하여야 한다.

## 제3절 입후보 제한

농업협동조합법 제45조 제9항과 10항에 의하면 지역농협의 조합장 선거에 입후보하기 위하여 임기 중 그 직을 그만둔 지역농협의 이사 및 감사는 그 사직으로 인하여 실시사유가 확정된 보궐선거의 후보자가 될 수 없도록 되어있다.

임원의 선출과 추천, 인사추천위원회 구성과 운영에 관하여는 이 법에서 정한 사항 외에 필요한 사항은 정관으로 정한다.

재·보궐 선거로 선출된 조합장의 임기는 전임자의 잔여기간으로 한다. 그 실시 사유가 발생한 날부터 임기만료일까지의 기간이 1년 미만인 경우에는 재·보궐 선거를 실시하지 아니하고 직무대행자가 직무를 대행한다.

이사와 감사는 총회에서 선출한다. 다만, 대의원회를 운영하는 조합은 대의원회에서 선출한다. 다만, 상임이사 및 상임감사는 인사추천위원회에서 추천된 사람을 총회 또는 대의원회에서 선출한다.

## 제4절 조합장 선출

농업협동조합법 제45조 제5항에 의하면 조합장은 조합원 중에서 정관으로 정하는 바에 따라 다음 어느 하나의 방법으로 선출하게 되어 있다.

1) 조합원이 총회 또는 총회 외에서 투표로 직접 선출
2) 대의원회가 선출
3) 이사회가 이사 중에서 선출

## 1. 조합원 직접 선출

조합원이 직접 선출하는 경우에는 선거관리위원회에 위탁하게 되어있다. 이때 선거에 관한 사항은 농협법보다 『공공단체 등 위탁선거에 관한 법률』을 우선 적용한다.

1) 선거방법

투표는 선거인이 직접 투표용지에 기표하는 방법으로 한다. 무기명 비밀투표이고, 선거권 행사는 1인 1표이다.

2) 선거일

공공단체 등 위탁선거에 관한 법률 제14조에 의하면 동시조합장 선거의 선거일은 그 임기가 만료되는 해당 연도 3월 중 두 번째 수요일로 하도록 되어 있다.

## 3) 선거인

선거권이 있는 자로서 선거인 명부에 올라있는 자를 선거인으로 한다.

선거권이 있는 자라 함은 조합장 임기 만료일(보궐선거 등에 있어서는 그 선거의 실시사유가 확정된 날) 전 180일까지 해당조합의 조합원으로 가입한 자를 말한다(농업협동조합법 제26조).

## 4) 선거공고

관할위원회는 선거인명부작성개시일 전일까지 선거일을 공고하여야 한다. 이 경우 동시조합장선거에서는 선거인명부작성개시일 전일에 선거일을 공고한 것으로 본다(공공단체 등 위탁선거에 관한 법률 제14조).

관할위원회는 선거일전 20일에 다음 사항을 공고하여야 한다(지역농업협동조합정관례 제71조).

가) 선거하여야 할 임원
나. 선거인
다. 선거일
라. 피선거권자
마. 후보자등록접수장소
바. 후보자등록기간
사. 투표개시시각 및 종료시각

아. 투표소 및 개표소의 위치

자. 선거인명부 열람 장소와 기간

차. 기타 필요한 사항


5) 후보자의 자격(피선거권)


**농업협동조합법 제49조**에 의거 다음 어느 하나에 해당하는 사람은 지역농협의 조합장이 될 수 없다.


◇ 대한민국 국민이 아닌 사람

◇ 미성년자 · 피성년후견인 또는 피한정후견인

◇ 파산선고를 받고 복권되지 아니한 사람

◇ 법원의 판결이나 다른 법률에 따라 자격이 상실되거나 정지된 사람

◇ 금고 이상의 실형을 선고받고 그 집행이 끝나거나(집행이 끝난 것으로 보는 경우를 포함한다) 집행이 면제된 날부터 3년이 지나지 아니한 사람

◇ 농업협동조합법 제164조 제1항이나 「신용협동조합법」 제84조에 규정된 개선改選 또는 징계면직의 처분을 받은 날부터 5년이 지나지 아니한 사람

◇ 형의 집행유예선고를 받고 그 유예기간 중에 있는 사람

◇ 농업협동조합법 제172조 또는 「공공단체 등 위탁선거에 관한 법률」 제58조(매수 및 이해유도죄) · 제59조(기부행위의 금지 · 제한 등 위반죄) · 제61조(허위사실 공표죄)부터 제66조(각종 제한규

정 위반죄)까지에 규정된 죄를 범하여 벌금 100만원 이상의 형을 선고받고 4년이 지나지 아니한 사람

◇ 이 법에 따른 임원 선거에서 당선되었으나 농업협동조합법 제173조 제1항 제1호 또는 「공공단체등 위탁선거에 관한 법률」 제70조(위탁선거범죄로 인한 당선무효)제1호에 따라 당선이 무효로 된 사람으로서 그 무효가 확정된 날부터 5년이 지나지 아니한 사람

◇ 선거일 공고일 현재 해당 지역농협, 중앙회 또는 다음 각 목의 어느 하나에 해당하는 금융기관에 대하여 정관으로 정하는 금액과 기간을 초과하여 채무 상환을 연체하고 있는 사람

○ 「은행법」에 따라 설립된 은행
○ 「한국산업은행법」에 따른 한국산업은행
○ 「중소기업은행법」에 따른 중소기업은행
○ 그 밖에 대통령령으로 정하는 금융기관

◇ 조합장임기만료일 현재 우리조합, 다른 조합, 품목조합연합회, 중앙회, 농협경제지주회사, 농협금융지주회사, 농협은행, 농협생명보험, 농협손해보험의 직원, 상임이사(중앙회의 경우 상임감사위원장), 우리조합 자회사(공동사업법인 포함)의 상근임직원, 다른 조합의 조합장, 연합회의 회장, 중앙회의 회장, 공무원(선거에 따라 취임하는 공무원 제외)의 직을 사직한지 90일을 경과하지 아니한 자. 다만, 조합장이 임기만료외의 사유로 궐위된 때와 합병의 의결, 합병권고나 거액의 금융사고 또는 천지지변 등으로 농림축산부장관 또는 중앙회장이 선거를 중지 권고한 경우에 있어, 그 사유가 해제되

어 선거를 실시하는 때에는 후보자등록일 전일까지 사직하지 아니한 사람

◇ 후보자등록일 전일까지 우리조합의 비상임 이사, 비상임 감사 또는 자회사의 비상근임원의 직을 사직하지 아니한 사람

◇ 후보자등록일 전일까지 경업관계를 해소하지 아니한 사람

■ 경업관계 내용

**농업협동조합법 제52조** ④지역농협의 사업과 실질적으로 경쟁관계에 있는 사업을 경영하거나 이에 종사하는 사람은 지역농협의 임직원 및 대의원이 될 수 없다.

6) 선거인명부 작성 및 열람

가) 조합은 선거인명부를 작성한 때에는 즉시 그 등본 1통을, 선거인명부가 확정된 때에는 지체 없이 확정된 선거인명부 등본 1통을 각각 관할위원회에 송부하여야 한다. 이 경우 둘 이상의 투표소를 설치하는 경우에는 투표소별로 분철하여 서거인 명부를 작성·확정하여야 한다.

나) 동시조합선거를 실시하는 경우, 조합은 중앙선거관리위원회 규칙으로 정하는 구역단위로 선거인명부를 작성·확정하여야 하며, 중앙선거관리위원회는 확정된 선거인명부의 전산 자료 복사본을 해당 조합으로부터 제출받아 전산조직을 이용하여 하나의 선거인명부 작성한 후 투표소에서 사용하게 할 수 있다.

다) 선거인명부는 선거인명부작성 기간만료일의 다음날부터 선거일전 11일까지 열람할 수 있다.

라) 선거인명부는 선거일전 10일에 확정된다.

## 7) 후보자 등록

가) 후보자가 되려는 사람은 선거기간개시일 전 2일부터 2일(공휴일 포함) 동안 관할위원회에 서면으로 후보자등록을 신청하여야 한다. 이 경우 후보자등록신청서의 접수는 공휴일에도 불구하고 매일 오전 9시부터 오후 6시까지로 한다(공공단체 등 위탁선거에 관한 법률 제18조).

나) 공공단체 등 위탁선거에 관한 법률 제54조에 따라 동시 선거를 실시하는 경우, 등록기간 내에 후보자등록이 없을 때에는 등록기간을 연장할 수 있다. 이 경우 이를 즉시 공고하여야 한다.

다) 후보자등록을 신청하는 사람은 다음의 서류 등을 제출하여야 한다.
◇ 후보자등록신청서(소정양식) 1부 - 본인이 작성
◇ 해당 법령이나 정관 등에 따른 피선거권에 관한 증명 서류
- 출자금원장 사본 1부 - 조합장
- 연체채무유무 확인서 1부 - 채권보유사무소장
- 최종학력증명서(해당자에 한함) 1부 - 해당기관장
- 퇴직증명서(해당자에 한함) 1부 - 해당기관장
- 사업이용실적 충족여부 확인서 1부 - 조합장

- 비경업관계사실 확인서 1부 – 조합장
- 주민등록초본 또는 가족관계증명서 1부 – 해당기관장
- 범죄경력조회회보서(실효된 형 포함) 1부 – 해당기관장

공공단체 등 위탁선거에 관한 법률에 따른 조합장선거 및 대의원선거의 경우, 범죄경력조회회보서는 구비서류에서 제외한다.

- 공명선거실천 서약서 1부 – 본인이 작성
- 기타 증명서 (해당자에 한함) 1부 – 해당기관장

◇ 기탁금(해당 법령이나 정관 등에서 기탁금을 납부하도록 한 경우에 한정한다)

◇ 그 밖에 해당 법령이나 정관 등에 따른 후보자등록신청에 필요한 서류 등

라) 후보자가 되고자 하는 자는 후보자등록마감시각까지 구비서류를 갖추어 본인이 직접 관할위원회에 등록 신청하여야 한다. 조합원이 직접 선출하거나 대의원회에서 선출하는 조합장선거의 경우에는 기탁금을 납부하여야 한다. 다만, 질병·사고 등 본인이 직접 접수할 수 없는 부득이한 경우에는 관할위원회가 본인의 의사를 확인하고 접수할 수 있다.

마) 관할위원회가 후보자등록신청을 접수한 때에는 즉시 이를 수리한다. 다만, 규정에 따른 서류 등을 갖추지 아니한 등록신청은 수리하지 아니한다.

바) 관할위원회는 후보자등록마감 후에 후보자의 피선거권에 관한 조사를 하여야 하며, 그 조사를 의뢰받은 기관 또는 단체는 지체 없이 그 사실을 확인하여 해당 관할위원회에 회보回報하여야 한다.

사) 관할위원회는 후보자등록마감 후 지체 없이 해당 위탁단체의

주된 사무소 소재지를 관할하는 검찰청의 장에게 후보자의 범죄경력(해당 법령이나 정관 등에서 정하는 범죄경력)에 관한 기록을 조회할 수 있고, 해당 검찰청의 장은 지체 없이 그 범죄경력을 관할위원회에 회보하여야 한다.

아) 후보자등록신청서의 서식, 그 밖에 필요한 사항은 중앙선거관리위원회규칙으로 정한다.

자) 관할위원회는 등록마감일 다음날에 후보자 등록사항을 공고한다.

### 8) 등록의 무효 등

가) 후보자등록 후에 후보자의 피선거권이 없는 것이 발견된 때에는 후보자등록을 무효로 하고, 당해 후보자에게 그 사유를 밝혀 지체 없이 이를 통보한다.

나) 후보자가 사퇴하는 경우에 본인이 직접 관할위원회에 서면으로 신고하여야 한다.

다) 관할위원회는 후보자가 사퇴·사망하거나 등록이 무효로 된 경우에는 이를 지체 없이 공고한다.

### 9) 기탁금

가) 기탁금은 500만원 이상 1천만원 이내에서 각 조합의 실정에 따라 정한다.

나) 후보자등록을 신청하는 자는 등록신청 시 기탁금을 관할위원

회에 납부하여야 한다.

다) 선거가 끝난 후 기탁금은 다음과 같이 반납처리한다.

◇ 후보자가 당선되거나 사망한 경우와 유효투표총수의 100분의 15 이상을 득표한 경우에는 기탁금 전액
◇ 후보자가 유효투표총수의 100분의 10 이상 100분의 15 미만을 득표한 경우에는 기탁금의 100분의 50에 해당하는 금액

라) 기탁금 반환의 기준 표수는 1차 투표 결과에 따른다.
마) 관할위원회는 규정에 따라 반환하지 아니한 기탁금은 선거일 후 30일 이내에 해당 조합에 반환한다.

## 10) 선거운동의 정의

선거운동이란 당선되거나 되게 하거나 되지 못하게 하기 위한 행위를 말한다. 다만, 다음의 사항은 선거운동으로 보지 않는다.

가) 선거에 관한 단순한 의견개진 및 의사표시
나) 입후보의 선거운동을 위한 준비행위

후보자는 『공공단체 등 위탁선거에 관한 법률』 제25조부터 제30조의2까지의 규정에 따라 선거운동을 하는 경우를 제외하고는 누구든지 어떠한 방법으로도 선거운동을 할 수 없다. 선거운동은 후보자 등록마감일의 다음 날부터 선거일 전일까지에 한정하여 할 수 있다.

## 11) 선거공보

가) 후보자는 선거운동을 위하여 선거공보 1종을 작성할 수 있다. 이 경우 후보자는 선거인명부확정일 전일까지 관할위원회에 선거공보를 제출하여야 한다.

나) 관할위원회는 제출된 선거공보를 선거인명부확정일 후 2일까지 투표안내문과 동봉하여 선거인에게 발송하여야 한다.

다) 후보자가 제출기한까지 선거공보를 제출하지 아니하거나 규격을 넘는 선거공보를 제출한 때에는 그 선거공보는 발송하지 아니한다.

라) 제출된 선거공보는 정정 또는 철회할 수 없다. 다만, 오기나 『공공단체 등 위탁선거에 관한 법률』에 위반되는 내용이 게재되었을 경우에는 제출마일까지 해당 후보자가 정정할 수 있다.

마) 선거인은 선거공보의 내용 중 경력·학력·상벌에 관하여 거짓으로 게재되어 있음을 이유로 이의제기를 하는 때에는 관할위원회에 서면으로 한다. 이의제기를 받은 관할위원회는 후보자와 이의제기자에게 그 증명 서류의 제출을 요구할 수 있으며, 그 증명 서류의 제출이 없거나 거짓 사실임이 판정된 때에는 그 사실을 공고하여야 한다.

바) 관할위원회는 허위게재사실을 공고한 때에는 그 공고문 사본 1매를 선거일에 투표소의 입구에 첨부하여야 한다.

사) 선거공보의 작성수량·규격·면수·제출 등 그 밖에 필요한 사항은 중앙선거관리위원회규칙에 따른다.

## 12) 선거벽보

가) 후보자는 선거운동을 위하여 선거벽보 1종을 작성할 수 있다. 이 경우 후보자는 선거인명부확정일 전일까지 관할위원회에 선거벽보를 제출하여야 한다.

나) 관할위원회는 제출된 선거벽보를 제출마감일 후 2일까지 해당 위탁단체의 주된 사무소와 지사무소의 건물 또는 게시판에 첩부하여야 한다.

다) 선거공보에 관한 규정을 선거벽보에 이를 준용한다. 이 경우 "선거공보"는 "선거벽보"로, "발송"은 "첩부"로, "규격이 넘는"은 "규격을 넘거나 미달하는"으로 본다.

라) 선거벽보의 작성수량·첩부수량·규격·제출 등 그 밖에 필요한 사항은 중앙선거관리위원회규칙에 따른다.

## 13) 어깨띠 · 윗옷 · 소품

후보자는 선거운동기간 중 어깨띠나 윗옷上衣을 착용하거나 소품을 이용하여 선거운동을 할 수 있다.

## 14) 전화를 이용한 선거운동

후보자는 선거운동기간 중 다음 어느 하나에 해당하는 방법으로 선거운동을 할 수 있다. 다만, 오후 10시부터 다음 날 오전 7시까지는 그러하지 아니하다.

　가) 전화를 이용하여 송화자 · 수화자 간 직접 통화하는 방법
　나) 문자(문자 외의 음성 · 화상 · 동영상 등은 제외)메시지를 전송하는 방법

### 15) 정보통신망을 이용한 선거운동

　후보자는 선거운동기간 중 다음 어느 하나에 해당하는 방법으로 선거운동을 할 수 있다.

　◇ 해당 위탁단체가 개설 · 운영하는 인터넷 홈페이지의 게시판 · 대화방 등에 글이나 동영상 등을 게시하는 방법
　◇ 전자우편(컴퓨터 이용자끼리 네트워크를 통하여 문자 · 음성 · 화상 또는 동영상 등의 정보를 주고받는 통신시스템을 말한다)을 전송하는 방법

### 16) 명함을 이용한 선거운동

　후보자는 선거운동기간 중 다수인이 왕래하거나 집합하는 공개된 장소에서 길이 9센티미터 너비 5센티미터 이내의 선거운동을 위한 명함을 선거인에게 직접 주거나 지지를 호소하는 방법으로 선거운동을 할 수 있다. 다만, 중앙선거관리위원회규칙으로 정하는 장소에서는 그러하지 아니하다.

## 17) 선거일 후보자 소개 및 소견발표

조합장선거에서 투표관리관 또는 투표관리관이 지정하는 사람은 선거일 또는 결선투표일에 투표를 개시하기 전에 투표소 또는 총회나 대의원회가 개최되는 장소에서 선거인에게 기호 순에 따라 각 후보자를 소개하고 후보자로 하여금 조합운영에 대한 자신의 소견을 발표하게 하여야 한다. 이 경우 발표시간은 후보자마다 10분의 범위에서 동일하게 배정하여야 한다.

## 18) 지위를 이용한 선거운동금지 등

조합의 임직원은 다음 어느 하나에 해당하는 행위를 할 수 없다.

가) 지위를 이용하여 선거운동을 하는 행위
나) 지위를 이용하여 선거운동의 기획에 참여하거나 그 기획의 실시에 관하여 참여하는 행위
다) 후보자(후보자가 되려는 사람 포함)에 대한 선거권자의 지지도를 조사하거나 이를 발표하는 행위

## 19) 매수 및 이해유도금지 등

선거운동을 목적으로 다음 어느 하나에 해당하는 행위를 할 수 없다.

가) 선거인(선거인명부를 작성하기 전에는 그 선거인 명부에 오를

자격이 있는 자를 포함)이나 그 가족(선거인의 배우자, 선거인 또는 그 배우자의 직계존비속과 형제자매, 선거인의 직계존비속 및 형제 자매의 배우자) 또는 선거인이나 그 가족이 설립·운영하고 있는 기관·단체·시설에 대하여 금전·물품·향응이나 그 밖의 재산상 이익이나 공사의 직을 제공하거나 그 제공의 의사를 표시하거나 그 제공을 약속하는 행위

나) 후보자가 되지 아니하도록 하거나 후보자가 된 것을 사퇴하게 할 목적으로 후보자가 되려는 사람이나 후보자에게 "가"항의 이익이나 직을 제공하거나 그 제공의 의사를 표시하거나 그 제공을 약속하는 행위

다) "가, 나"항의 이익이나 직을 제공받거나 그 제공의 의사표시를 승낙하는 행위

라) "가, 나, 다"항의 행위에 관하여 지시·권유·알선하기나 요구하는 행위

마) 후보자등록개시 일부터 선거일까지 포장된 선물 또는 돈 봉투 등 다수의 선거인(선거인의 가족 또는 선거인이나 그 가족이 설립·운영하고 있는 기관·단체·시설 포함)에게 배부하도록 구분된 형태로 되어 있는 금품을 운반하는 행위


20) 허위사실 공표 금지


가) 누구든지 당선되거나 되게 할 목적으로 선거공보나 그 밖의 방법으로 후보자(후보자가 되려는 사람 포함)에게 유리하도록 후보자, 그의 배우자 또는 직계존비속이나 형제자매에 관하여 허위의

사실을 공표하는 행위를 할 수 없다.

나) 누구든지 당선되지 못하게 할 목적으로 선거공보나 그 밖의 방법으로 후보자에게 불리하도록 후보자, 그의 배우자 또는 직계존비속이나 형제자매에 관하여 허위의 사실을 공표하는 행위를 할 수 없다.

### 21) 후보자 등 비방 금지

선거운동을 목적으로 선거공보나 그 밖의 방법으로 공연히 사실을 적시하여 후보자(후보자가 되려는 사람 포함), 그의 배우자 또는 직계존비속이나 형제자매를 비방할 수 없다.

### 22) 사위 등재·투표 금지

가) 거짓의 방법으로 선거인명부에 오르게 할 수 없다.

나) 선거인명부작성에 관계있는 자가 선거인명부에 고의로 선거권 자를 기재하지 아니하거나 거짓 사실을 기재하거나 하게 할 수 없다.

다) 성명을 사칭하거나 신분증명서를 위조 또는 변조하여 사용하거나 그 밖에 거짓의 방법으로 투표하거나 투표를 하려고 하거나 또는 투표를 하게 할 수 없다.

### 23) 호별방문 등의 제한

누구든지 선거운동을 위하여 선거인(선거인명부작성 전에는 선거인 명부에 오를 자격이 있는 자 포함)을 호별로 방문하거나 특정 장소에 모이게 할 수 없다.

### 24) 기부행위의 정의

『공공단체 등 위탁선거에 관한 법률』 제32조에서 "기부행위"란 다음 어느 하나에 해당하는 사람이나 기관·단체·시설을 대상으로 금전·물품 또는 그 밖의 재산상 이익을 제공하거나 그 이익제공의 의사를 표시하거나 그 제공을 약속하는 행위를 말한다.

가) 선거인(선거인명부작성 전에는 선거인 명부에 오를 자격이 있는 자 포함)이나 그 가족

나) 선거인이나 그 가족이 설립·운영하고 있는 기관·단체·시설

### 25) 기부행위로 보지 아니하는 행위

가) 기관·단체·시설이 자체사업계획과 예산에 따라 의례적으로 금전·물품을 그 기관·단체·시설의 명의로 제공하는 행위

나) 조합이 해당 법령이나 정관 등에 따라 사업계획 및 수지예산에 따라 집행하는 금전·물품을 그 조합의 명의로 제공하는 행위

다) 물품구매·공사·역무의 제공 등에 대한 대가의 제공 또는 부담금의 납부 등 채무를 이행하는 행위

라) 그 밖에 법령에 근거하여 물품 등을 찬조·출연 또는 제공하는 행위

마) 민법 제777조(친족의 범위)에 따른 친족의 관혼상제의식이나 그 밖의 경조사에 축의·부의금을 제공하는 행위

바) 친족 외의 사람의 관혼상제의식에 통상적인 범위에서 축의·부의금품(화환·화분 제외)을 제공하거나 주례를 서는 행위

사) 관혼상제의식이나 그 밖의 경조사에 참석한 하객이나 조객 등에게 통상적인 범위 안에서 음식물 또는 답례품을 제공하는 행위

아) 소속 기관·단체·시설(조합 제외)의 유급 사무직원이나 친족에게 연말·설 또는 추석에 의례적인 선물을 제공하는 행위

자) 친목회·향우회·종친회·동창회 등 각종 사교·친목단체 및 사회단체 의 구성원으로서 그 단체의 정관 등 또는 운영관례상의 의무에 기하여 종전의 범위 안에서 회비를 납부하는 행위

차) 평소 자신이 다니는 교회·성당·사찰 등에 통상의 예에 따라 헌금(물품 포함)하는 행위

카) 공직선거법 제112조 제2항 제3호에 따른 구호적·자선적 행위에 준하는 행위

타) 그 밖에 중앙선거관리위원회규칙에 따른 행위

파) 통상적인 범위에서 1명에게 제공할 수 있는 축의·부의금품, 음식물, 답례품 및 의례적인 선물의 금액범위는 중앙선거관리위원회규칙에 따른다.


## 26) 기부행위 제한기간

기부행위를 할 수 없는 기간은 다음과 같다.

가) 임기만료에 따른 선거: 임기만료일 전 180일부터 선거일까지

나) 해당 법령이나 정관 등에 따른 재선거, 보궐선거, 위탁단체의 설립·분할 또는 합병으로 인한 선거: 그 선거의 실시 사유가 발생한 날부터 선거일까지

### 27) 기부행위제한

가) 후보자, 후보자의 배우자, 후보자가 속한 기관·단체·시설은 기부행위제한기간 중 기부행위를 할 수 없다.

나) 누구든지 기부행위제한기간 중 해당 위탁선거에 관하여 후보자를 위하여 기부행위를 하거나 하게 할 수 없다. 이 경우 후보자의 명의를 밝혀 기부행위를 하거나 후보자가 기부하는 것으로 추정할 수 있는 방법으로 기부행위를 하는 것은 해당 위탁선거에 관하여 후보자를 위한 기부행위로 본다.

다) 누구든지 기부행위제한기간 중 해당 위탁선거에 관하여 기부를 받거나 기부의 의사표시를 승낙할 수 없다.

라) 누구든지 지시·권유·알선 또는 요구할 수 없다.

마) 조합장은 재임 중에 기부행위를 할 수 없다.

### 28) 조합장 등의 축의·부의금품 제공제한

조합의 경비로 관혼상제의식이나 그 밖의 경조사에 축의·부의금품을 제공하는 경우에는 조합의 경비임을 명기하여 조합의 명의로

하여야 하며, 조합장의 직명 또는 성명을 밝히거나 그가 하는 것으로 추정할 수 있는 방법으로 하는 행위는 기부행위로 본다.

### 29) 선거일 후 답례금지

후보자, 후보자의 배우자, 후보자가 속한 기관·단체·시설은 선거일 후 당선되거나 되지 아니한 데 대하여 선거인에게 축하·위로나 그 밖의 답례를 하기 위하여 다음에 해당하는 행위를 할 수 없다.

가) 금전·물품 또는 향응을 제공하는 행위
나) 선거인을 모이게 하여 당선축하회 또는 낙선 위로회를 개최하는 행위

### 30) 투표소의 설치 등

가) 관할위원회는 조합과 투표소의 설치 수, 설치장소 등을 협의하여 선거일 전일까지 투표소를 설치하여야 한다.
나) 관할위원회는 공정하고 중립적인 사람 중에서 투표소마다 투표에 관한 사무를 관리할 투표관리관 1명과 투표사무를 보조할 투표사무원을 위촉하여야 한다.

### 31) 동시조합장선거의 투표소의 설치 등

가) 동시조합장선거를 실시하는 경우 관할위원회는 그 관할구역

안의 읍·면[「지방자치법」 제7조(자치구가 아닌 구와 읍·면·동 등의 명칭과 구역)제3항에 따라 행정면을 둔 경우에는 행정면)·동(「지방자치법」 제7조제4항에 따라 행정동을 둔 경우에는 행정동)마다 1개소씩 투표소를 설치·운영하여야 하며, 감염병 발생 등 부득이한 사유가 있는 경우 중앙선거관리위원회규칙으로 정하는 바에 따라 추가로 투표소를 설치할 수 있다. 다만, 조합 또는 금고의 주된 사무소가 설치되지 아니한 지역 등 중앙선거관리위원회규칙으로 정하는 경우에는 관할위원회가 해당 조합 또는 금고와 협의하여 일부 읍·면·동에 투표소를 설치할 수 있다.

나) 동시조합장선거 또는 동시이사장선거에서 선거인은 자신이 올라 있는 선거인명부의 작성 구역단위에 설치된 어느 투표소에서나 투표할 수 있다.

다) 투표관리관은 투표하려는 선거인에 대해서는 본인임을 확인할 수 있는 신분증명서를 제시하게 하여 본인여부를 확인한 다음 전자적 방식으로 무인 또는 서명하게 하고, 투표용지 발급기를 이용하여 선거권이 있는 해당 선거의 투표용지를 출력하여 자신의 도장을 찍은 후 선거인에게 교부한다.

라) 중앙선거관리위원회는 2개 이상 조합장선거의 선거권이 있는 선거인이 투표하는 데 지장이 없도록 하고, 같은 사람이 2회 이상 투표를 할 수 없도록 하는 데 필요한 기술적 조치를 하여야 한다.

마) 관할위원회는 섬 또는 산간오지 등에 거주하는 등 부득이한 사유로 투표소에 가기 어려운 선거인에게는 그 의결로 거소투표, 순회투표, 인터넷투표 등 중앙선거관리위원회규칙으로 정하는 방법으로 투표를 하게 할 수 있다. 이 경우 투표방법 등에 관하여는 해

당 조합 또는 금고와 협의하여야 한다.

바) 거소투표, 순회투표, 인터넷투표 등의 대상·절차·기간·방법, 그 밖에 필요한 사항은 중앙선거관리위원회규칙으로 정한다.

## 32) 투표용지

가) 투표용지에는 후보자의 기호와 성명을 표시하되, 기호는 후보자의 게재순위에 따라 "1, 2, 3" 등으로 표시하고, 성명은 한글로 기재하여야 한다. 다만, 한글로 표시된 성명이 같은 후보자가 있는 경우에는 괄호 속에 한자를 함께 기재한다.

나) 관할위원회는 후보자등록마감 후에 후보자 또는 그 대리인의 참여하에 투표용지에 게재할 후보자의 순위를 추첨의 방법으로 정하여야 한다. 다만, 추첨개시시각에 후보자 또는 그 대리인이 참여하지 아니하는 경우에는 관할위원회 위원장이 지정하는 사람이 그 후보자를 대리하여 추첨할 수 있다.

다) 투표용지는 인쇄하거나 투표용지 발급기를 이용하여 출력하는 방법으로 작성할 수 있다.

## 33) 투표안내문의 발송

관할위원회는 선거인의 성명, 선거인명부등재번호, 투표소의 위치, 투표할 수 있는 시간, 투표할 때 가지고 가야 할 지참물, 투표절차, 그 밖에 투표참여를 권유하는 내용 등이 기재된 투표안내문을 선거인명부확정일 후 2일까지 선거인에게 우편으로 발송하여야 한다.

## 34) 투표시간

가) 동시조합장선거는 오전 7시부터 오후 5시까지이다.

나) 투표를 마감할 때에 투표소에서 투표하기 위하여 대기하고 있는 선거인에게는 번호표를 부여하여 투표하게 한 후에 닫아야 한다.

## 35) 투표·개표의 참관

가) 후보자는 해당 위탁단체의 조합원 또는 회원 중에서 투표소마다 2명 이내의 투표참관인을 선정하여 선거일 전 2일까지, 개표소마다 2명 이내의 개표참관인을 선정하여 선거일 전일까지 관할위원회에 서면으로 신고하여야 한다. 이 경우 개표참관인은 투표참관인이 겸임하게 할 수 있다.

나) 관할위원회는 신고한 투표참관인·개표참관인이 투표 및 개표 상황을 참관하게 하여야 한다.

다) 후보자가 투표참관인·개표참관인의 신고를 하지 아니한 때에는 투표·개표 참관을 포기한 것으로 본다.

라) 후보자 또는 후보자의 배우자와 해당 위탁단체의 임직원은 투표참관인·개표참관인이 될 수 없다.

마) 동시조합장선거의 투표참관인은 투표소마다 12명으로 하며, 후보자수가 12명을 넘는 경우에는 후보자별로 1명씩 우선 선정한 후 추첨에 따라 12명을 지정하고, 후보자수가 12명에 미달하되 후보자가 선정·신고한 인원수가 12명을 넘는 때에는 후보자별로 1

명씩 선정한 자를 우선 지정한 후 나머지 인원은 추첨에 의하여 지정한다.

바) 투표참관인 · 개표참관인의 선정 · 신고 및 투표참관인 지정의 구체적인 절차 · 방법, 그 밖에 필요한 사항은 중앙선거관리위원회 규칙으로 정한다.

## 36) 개표소의 설치 등

가) 관할위원회는 해당 관할구역에 있는 위탁단체의 시설 등에 개표소를 설치하여야 한다. 다만, 섬 또는 산간오지 등의 지역에 투표소를 설치한 경우로서 투표함을 개표소로 이송하기 어려운 부득이한 경우에는 관할위원회의 의결로 해당 투표소에 개표소를 설치할 수 있다.

나) 관할위원회는 개표사무를 보조하게 하기 위하여 개표사무를 보조할 능력이 있는 공정하고 중립적인 사람을 개표사무원으로 위촉할 수 있다.

다) 개표사무원은 투표사무원이 겸임하게 할 수 있다.

라) 개표소의 설치를 위한 장소 사용 협조 요구를 받은 위탁단체 등의 장은 정당한 사유가 없으면 이에 따라야 한다.

마) "가"항 단서에 따라 투표소에 개표소를 설치하는 경우의 개표절차, 개표사무원의 위촉, 개표참관, 그 밖에 필요한 사항은 중앙선거관리위원회규칙으로 정한다.

## 37) 투표절차

가) 관할위원회는 선거인이 투표할 때 선거인명부에 따라 선거인 자격을 확인한다.

나) 관할위원회는 투표당일 투표소에서 주민등록증 등에 따라 본인임을 확인하고 선거인명부에 날인·무인 또는 서명하게 하고 투표용지를 교부한다.

다) 선거인은 후보자간의 추첨에 따라 부여받은 기호 및 후보자의 성명을 적은 소정의 투표용지를 사용하여야 한다.

라) 선거인은 투표소에 비치된 소정의 기표용구로 투표용지에 기표를 하여 이를 투표함에 넣는다.

## 38) 무효투표

가) 정규의 투표용지를 사용하지 아니한 것

나) 2이상의 난에 표를 한 것

다) 어느 난에도 표를 하지 아니한 것

라) 어느 난에 표한 것인지 식별할 수 없는 것

마) 비치된 기표용구를 사용하지 아니하고 다른 문자나 기호 등을 기입 한 것

바) 기표 외에 다른 사항을 기입한 것

사) 정규의 기표용구가 아닌 용구로 표를 한 것

■ 무효로 보지 아니하는 것

◇ 기표가 일부분 표시되었거나 기표 안이 메워진 것으로 소정의 기표용구를 사용하여 기표한 것이 명확한 것

◇ 한 후보자 난에 2번 이상 기표한 것

◇ 후보자란 외에 추가 기표되었으나 추가기표된 것이 어느 후보자에게도 기표한 것으로 볼 수 없는 것

◇ 두 호보자란의 구분선상에 기표된 것으로서 어느 후보자에게 기표한 것인지가 명확한 것

◇ 기표한 것이 옮겨 묻은 것으로서 어느 후보자에게 기표한 것인지가 명확한 것

◇ 인주로 오손되거나 훼손되었으나 정규의 투표용지임이 명확하고 어느 후보자에게 기표한 것인지가 명확한 것

## 39) 개표시기 및 장소

가) 개표는 공고된 개표소에서 투표함을 모아 투표당일에 실시한다.

나) 2이상의 투표소를 설치한 경우, 투표소가 산간·오지 또는 도서지역 등에 설치된 경우로서 천재지변 등의 부득이한 사유로 투표당일 투표함의 일부가 개표서에 도착하지 못할 때에는 관할위원회가 정하는 바에 의한다.

## 40) 개표의 진행

가) 개표는 위탁단체별로 구분하여 투표수를 계산한다.

나) 관할위원회는 개표사무를 보조하기 위하여 투표지를 유효별·무효별 또는 후보자별로 구분하거나 계산하는 데 필요한 기계장치 또는 전산조직을 이용할 수 있다.

다) 후보자별 득표수의 공표는 최종 집계되어 관할위원회 위원장이 서명 또는 날인한 개표상황표에 의한다. 이 경우 출석한 관할위원회의 위원 전원은 공표 전에 득표수를 검열하여야 하며, 정당한 사유 없이 개표사무를 지연시키는 위원이 있는 때에는 검열을 포기한 것으로 보고, 개표록에 그 사유를 기재한다.

라) 개표사무의 관리를 지정받은 사람 또는 하급선거관리위원회나 다른 구·시·군선거관리위원회는 그 개표결과를 관할위원회에 즉시 송부하여야 하며, 해당 관할위원회는 송부 받은 개표결과를 포함하여 후보자별 득표수를 공표하여야 한다.

마) 개표결과의 작성·송부, 그 밖에 필요한 사항은 중앙선거관리위원회규칙으로 정한다.

### 41) 개표관람

가) 누구든지 관할위원회가 발행하는 관람증을 받아 구획된 장소에서 개표상황을 관람할 수 있다.

나) 관할위원회는 투표와 개표를 같은 날 같은 장소에서 실시하는 경우에는 관람 증을 발급하지 아니한다. 이 경우 관람인석과 투표 및 개표 장소를 구분하여 관람인이 투표 및 개표 장소에 출입할 수 없도록 하여야 한다.

## 42) 투표록·개표록 및 선거록의 작성 등

가) 관할위원회는 투표록, 개표록을 각각 작성하여야 한다. 다만, 투표와 개표를 같은 날 같은 장소에서 실시하는 경우에는 투표 및 개표록을 통합하여 작성할 수 있다.

나) 관할위원회가 지정하는 사람 등에게 투표사무 또는 개표사무를 관리하게 하는 경우에는 그 지정을 받은 사람 또는 하급선거관리위원회나 다른 구·시·군선거관리위원회는 제1항에 따른 투표록·개표록 또는 투표 및 개표록을 작성하여 지체 없이 관할위원회에 송부하여야 한다.

다) 투표록·개표록 또는 투표 및 개표록을 송부 받은 관할위원회는 지체 없이 후보자별 득표수를 계산하고 선거록을 작성하여야 한다.

라) 투표록·개표록, 투표 및 개표록과 선거록은 전산조직을 이용하여 작성·보고 또는 송부할 수 있다.

## 43) 당선인 결정

가) 후보자 중 유효투표의 최다득표자를 당선인으로 결정한다. 다만, 최다득표자가 2인 이상인 경우에는 연장자를 당선인으로 결정한다.

나) 후보자등록마감시각에 등록된 후보자가 1인이거나 후보자등록마감 후 선거일의 투표마감시각까지 후보자가 사퇴·사망하거나 등록이 무효로 되어 후보자가 1인이 된 떼에는 투표를 실시하지 아

니하고 선거일에 그 후보자를 당선인으로 결정한다.

　다) 선거일의 투표마감시각 후 당선인 결정전까지 후보자가 사퇴·사망하거나 등록이 무효로 된 경우에는 개표결과 나머지 후보자 중에서 당선인을 결정한다.

　라) 당선의 결정에 명백한 착오가 있는 때에는 당선인의 결정을 시정한다.


### 44) 결선투표

　가) 결선투표 실시 여부에 관하여는 해당 법령이나 정관 등에 따른다.

　나) 결선투표일은 관할위원회가 위탁단체와 협의하여 정한다.

　다) 결선투표는 특별한 사정이 없으면 당초 위탁선거에 사용된 선거인명부를 사용한다.

　라) 천재지변이나 그 밖의 부득이한 사유로 선거를 실시할 수 없거나 실시하지 못한 때에는 관할위원회가 해당 위탁단체와 협의하여 선거를 연기하여야 한다. 이 경우 처음부터 선거절차를 다시 진행하여야 하고, 선거일만을 다시 정한 때에는 이미 진행된 선거절차에 이어 계속하여야 한다.


### 45) 재선거 및 보궐선거

　가) 선거결과 당선인이 없는 때
　나) 당선이 취소 또는 무효로 된 때

다) 해당 법률이나 규정에 따라 당선이 무효로 된 때

라) 선거의 전부무효판결이 있는 때

마) 당선인이 임기개시 전에 사퇴·사망하거나 피선거권이 없게 된 때

바) 조합장이 임기 중 궐위된 때에는 보궐선거를 실시한다.

사) 선거실시사유가 발생한 날부터 임기만료일까지의 기간이 1년 미만인 경우에는 재선거 또는 보궐선거를 실시하지 아니한다.

아) 전항("사"항)에 따라 재선거 또는 보궐선거를 실시하지 아니하는 경우, 조합장의 직무는 그 재선거 또는 보궐선거 실시사유가 발생한 날부터 전임 조합장 임기만료일까지 직무대행자가 대행한다.

## 46) 선거의 일부무효로 인한 재선거

가) 선거에 있어 일부무효의 판결이 확정된 때에 관할위원회는 선거가 무효로 된 당해 투표소의 재선거를 실시한 후 다시 당선인을 결정하여야 한다.

나) 재선거를 실시함에 있어서 판결에 특정한 명시가 없는 한 당초 선거에 사용된 선거인명부를 사용한다.

다) 조합장의 임기개시 후 재선거를 실시한 결과 당선인의 변경이 없는 경우에는 조합장의 임기를 새로이 기산하지 아니한다.

## 47) 당선의 통지

당선인이 결정된 경우 관할위원회는 즉시 당선인에게 통지하고, 당선인의 주소·성명을 공고한다.

### 48) 선거 관계 서류의 보관

가) 관할위원회는 투표지, 투표록, 개표록, 투표 및 개표록, 선거록, 그 밖에 위탁선거에 관한 모든 서류를 그 당선인의 임기 중 보관하여야 한다. 다만, 중앙선거관리위원회규칙으로 정하는 바에 따라 그 보존기간을 단축할 수 있다.

나) 당해 선거소송이 법원에 조합장의 재임기간이상 계속 중인 때에는 소송이 완료될 때까지 관할위원회에서 보관한다.

### 49) 「공직선거법」의 준용 등

가) 투표 및 개표의 관리에 관하여는 이 법에 규정된 것을 제외하고는 그 성질에 반하지 아니하는 범위에서 「공직선거법」 제10장(투표) 및 제11장(개표)을 준용한다.

나) 임의위탁선거의 투표 및 개표의 절차 등에 관하여는 해당 위탁단체와 협의하여 달리 정할 수 있다.

**※ 관계규정 - 지역농업협동조합정관례 제69조 내지 제90조**
   **관계법 - 「공공단체 등 위탁선거에 관한 법률」**

### 2. 대의원회에서 선출하는 경우

선거방법, 선거일, 선거공고, 후보자의 자격, 후보자 등록, 선거운동, 기부행위 제한 등은 조합원의 직접선출 방법과 같다.

### 1) 선거공고

관할위원회는 선거일전 20일에 다음사항을 공고하여야 한다.

가) 선거하여야 할 임원
나) 선거인
다) 선거일시 및 장소
라) 피선거권자
마) 후보자등록접수장소
바) 후보자등록기간
사) 기타 필요한 사항

### 2) 선거방법

가) 조합장은 대의원회에서 선출한다.
나) 조합장을 선출할 때에는 조합장은 대의원회를 소집 하 여 야 한다.
다) 조합장이 후보자일 경우에는 직무대행자가 의장의 직무를 행한다.

### 3) 대의원회 진행

가) 의장은 투표에 앞서 각 후보자를 소개한다.

나) 후보자는 후보자 소개 시 조합운영에 대한 자신의 소견을 간략히 발표할 수 있다.

다) 의장은 투표 및 개표사무를 관할위원회로 하여금 진행하게 한다.

### 4) 투표 및 개표방법

가) 투표용지는 투표당일 선거인에게 교부한다.

나) 투표는 투표용지에 소정의 기표용구로 기표한다.

다) 선거인은 투표시각까지 대의원회에 출석하지 아니하면 투표할 수 없다.

라) 개표는 투표당일 투표소에서 실시한다.

마) 관할위원회는 조합과 협의하여 투표시간을 정하되, 동시조합장선거의 경우 투표마감시각은 오후 5시까지로 한다.

### 5) 당선인의 결정

가) 선거인 과반수의 투표와 투표자 과반수의 득표자를 당선인으로 한다.

나) 당선인이 없는 경우에는 최다수득표자와 차순위득표자에 대하여 결선투표를 실시하여 다수득표자를 당선인으로 한다. 다만, 다수득표자가 2인 이상인 경우에는 연장자를 당선인으로 한다.

다) 등록된 후보자가 1인인 경우에는 투표를 하지 아니하고 선거

일에 그 후보자를 당선인으로 하며, 후보자의 등록이 무효가 되어 등록된 후보자가 1인이 된 경우에도 또한 같다.

라) 관할위원회는 개표결과에 따라 당선인을 결정하고 이를 의장에게 통지한다.

## 6) 준용규정

지역농업협동조합정관례 중 준용규정(조합원에 의한 직접선거 조항임)

第69조 – 조합장 피선거권

第72조 제1항, 제3항, 제4항 – 선거인 명부의 작성 및 열람

第73조 – 후보자등록기간

第74조 – 후보자등록신청

第75조 – 등록심사 및 접수

第76조 – 등록무효 등

第76조의2 – 기탁금

第77조 – 선거운동의 정의

第77조의2 – 선거운동의 주체, 기간, 방법

第77조의3 – 선거공보

第77조의6 – 전화를 이용한 선거운동

第77조의7 – 정보통신망을 이용한 선거운동

第77조의9 – 지위를 이용한 선거운동 금지

第77조의10 – 매수 및 이해유도금지

## 3. 이사회에서 선출하는 경우

### 1) 선거공고

조합은 선거일전 12일에 다음의 사항을 공고하여야 한다.

가) 선거하여야 할 임원
나) 선거인
다) 선거일시 및 장소
라) 피선거권자

## 2) 선거방법

가) 조합장은 이사회에서 조합원인 이사 중에서 구두추천에 따라 추천된 후보자를 대상으로 무기명 비밀투표로 선출한다.
나) 조합장을 선출할 때에는 조합장은 이사회를 소집하여야 한다.
다) 조합장이 후보일 경우에는 후보자가 아닌 이사 중 이사회가 정하는 이사(상임이사 제외)가 의장의 직무를 행한다.

## 3) 선거운동

누구든지 자기 또는 특정인을 지역농협의 임원이나 대의원으로 당선되게 하거나 당선되지 못하게 할 목적으로 다음의 어느 하나에 해당하는 행위를 할 수 없다.
가) 조합원(조합에 가입신청을 한 자를 포함)이나 그 가족(조합원의 배우자, 조합원 또는 그 배우자의 직계 존속·비속과 형제자매, 조합원의 직계 존속·비속 및 형제자매의 배우자) 또는 조합원이나

그 가족이 설립·운영하고 있는 기관·단체·시설에 대한 다음 각 목의 어느 하나에 해당하는 행위

◇ 금전·물품·향응이나 그 밖의 재산상의 이익을 제공하는 행위

◇ 공사公私의 직職을 제공하는 행위

◇ 금전·물품·향응, 그 밖의 재산상의 이익이나 공사의 직을 제공하겠다는 의사표시 또는 그 제공을 약속하는 행위

나) 후보자가 되지 못하도록 하거나 후보자를 사퇴하게 할 목적으로 후보자가 되려는 사람이나 후보자에게 위 "가"항에 규정된 행위를 하는 행위

다) 이익이나 직을 제공받거나 그 제공의 의사표시를 승낙하는 행위 또는 그 제공을 요구하거나 알선하는 행위

라) 임원이 되려는 사람은 임기만료일 전 90일(보궐선거 등에 있어서는 그 선거의 실시사유가 확정된 날)부터 선거일까지 선거운동을 위하여 조합원을 호별戶別로 방문하거나 특정 장소에 모이게 할 수 없다.

마) 누구든지 선거와 관련하여 연설·벽보, 그 밖의 방법으로 거짓의 사실을 공표하거나 공연히 사실을 적시摘示하여 후보자(후보자가 되려는 사람을 포함)를 비방할 수 없다.

바) 누구든지 특정 임원의 선거에 투표하거나 하게 할 목적으로 사위詐僞의 방법으로 선거인명부에 오르게 할 수 없다.

사) 누구든지 선거와 관련하여 자기 또는 특정인을 당선되게 하거나 당선되지 못하게 할 목적으로 후보자등록 시작일부터 선거일까지 다수의 조합원(조합원의 가족 또는 조합원이나 그 가족이 설립·운영하고 있는 기관·단체·시설을 포함)에게 배부하도록 구

분된 형태로 되어 있는 포장된 선물 또는 돈봉투 등 금품을 운반하지 못한다.

아) 위원회는 선거규정에 위반하여 선거운동 등을 하는 경우에는 이를 중지시키거나 철거·회수 등 필요한 조치를 할 수 있다.

자) 조합의 임직원은 다음 각 호의 어느 하나에 해당하는 행위를 할 수 없다.

◇ 그 지위를 이용하여 선거운동을 하는 행위

◇ 선거운동의 기획에 참여하거나 그 기획의 실시에 관여하는 행위

◇ 후보자에 대한 조합원의 지지도를 조사하거나 발표하는 행위

## 4) 기부행위의 제한

가) 임원 선거 후보자, 그 배우자 및 후보자가 속한 기관·단체·시설은 임원의 임기만료일 전 180일(보궐선거 등의 경우에는 그 선거의 실시 사유가 확정된 날)부터 그 선거일까지 조합원(조합에 가입 신청을 한 사람을 포함)이나 그 가족 또는 조합원이나 그 가족이 설립·운영하고 있는 기관·단체·시설에 대하여 금전·물품이나 그 밖의 재산상 이익의 제공, 이익 제공의 의사 표시 또는 그 제공을 약속하는 행위를 할 수 없다. 다만 기부행위로 보지 아니하는 행위는 그러하지 아니하다.

나) 누구든지 위 "가"항의 행위를 약속·지시·권유·알선 또는 요구할 수 없다.

다) 누구든지 해당 선거에 관하여 후보자를 위하여 위항의 행위를 하거나 하게 할 수 없다. 이 경우 후보자의 명의를 밝혀 기부행

위를 하거나 후보자가 기부하는 것으로 추정할 수 있는 방법으로 기부행위를 하는 것은 해당 선거에 관하여 후보자를 위한 기부행위로 본다.

라) 조합장은 재임 중 위항에 따른 기부행위를 할 수 없다. 다만, 기부행위로 보지 아니하는 행위는 그러하지 아니하다.

바) 조합의 경비로 관혼상제의식이나 그 밖의 경조사에 축의·부의금품을 제공하는 경우에는 조합의 경비임을 명기하여야 한다.

사) 축의·부의금품을 제공할 경우, 조합장의 직명 또는 성명을 밝히거나 그가 하는 것으로 추정할 수 있는 방법으로 하는 행위는 기부행위로 본다.


### 5) 준용 규정

지역농업협동조합정관례 중 준용규정

제69조 제1항 제1호 - 조합장 피선거권
제87조 - 재선거 및 보궐선거
제89조 - 당선의 통지
제90조 - 선거기록
제93조 제1항 제1호 - 대원회의 진행
제95조 제1항 - 당선인의 결정

## 제5절 이사 선거

### 1. 비상임이사

#### 1) 피선거권

가) 지역농업협동조합정관례 제56조 제1항의 결격사유에 해당하는 사람. 다만, 동 규정 제56조 제1항 제10호부터 12호까지를 제외한 결격사유의 기준일은 임기개시일로 한다.

나) 후보자등록일 전일까지 우리조합, 다른 조합, 연합회, 중앙회, 농협경제지주회사, 농협금융지주회사, 농협은행, 농협생명보험, 농협손해보험의 직원이나 이사·감사, 조합 자회사의 임원 또는 공무원(선거에 따라 취임하는 공무원 제외)의 직을 사직하지 아니한 사람. 다만, 해당 조합의 조합원이어야 하는 이사가 그 직을 가지고 입후보하는 경우에는 그러하지 아니하다.

다) 후보자등록일 전일까지 농업협동조합법 제52조 제4항에서 정한 경업관계를 해소하지 아니한 사람

라) 조합장선거에 입후보하기 위하여 임기 중 조합원이어야 하는 이사의 직을 사직함으로 인하여 실시사유가 확정된 보궐선거의 경우 그 조합원이어야 하는 이사의 직을 사직한 사람.

#### 2) 선거방법

가) 이사는 총회에서 선출한다. 이 경우 선출할 이사의 수는 조합

원수, 조합구역, 지세, 교통, 기타의 조건을 감안하여 지역별, 성별 또는 품목별로 배분할 수 있다.

나) 이사의 수를 배분하는 경우, 이사 정수의 5분의 1 이상을 여성조합원과 품목을 대표할 수 있는 조합원에게 배분되도록 노력하여야 한다.

다) 여성조합원이 전체 조합원의 100분의 30 이상인 경우로서, 성별로 배분하여 이사를 선출하는 경우에는 다음과 같이 정한다.

◇ 이사는 여성조합원 중에서 1명 이상이 선출되도록 성별로 배분하여 총회에서 선출한다. 이 경우 선출할 이사의 수는 조합원수, 조합구역, 지세, 교통, 기타의 조건을 감안하여 지역별 또는 품목별로 배분할 수 있다.

라) 여성조합원이 전체 조합원의 100분의 30 이상인 경우로서 성별로 배분하지 않고 이사를 선출하는 경우에는 본 항을 다음과 같이 규정한다.

◇ 이사는 전체조합원 중에서 선출하는 이사와 여성조합원 중에서 선출하는 이사로 구분하여 총회에서 선출한다. 이 경우 선출할 이사의 수는 조합원 수, 조합구역, 지세, 교통, 기타의 조건을 감안하여 지역별 또는 품목별로 배분할 수 있다.

마) 이사를 선출할 때에는 조합장은 총회를 소집하여야 한다.

### 3) 선거운동

가) 누구든지 선거와 관련하여 다음 방법 외의 선거운동을 할 수 없다. 이 경우 선거운동은 후보자등록마감일의 다음날부터 선거일

전일까지에 한정하여 할 수 있다.

◇ 선거공보의 배부

◇ 전화(문자메시지 포함)·컴퓨터통신(전자우편 포함)을 이용한 지지 호소

나) 위원회는 규정에 위반하여 선거운동 등을 하는 경우에는 이를 중지시키거나 철거·회수 등 필요한 조치를 할 수 있다.

다) 위원회는 법령 및 정관에서 규정한 제한행위에 해당하는 정보가 조합의 인터넷 홈페이지의 게시판·대화방 등에 게시된 경우 그 인터넷 홈페이지를 관리·운영하는 자에게 해당 정보의 삭제를 요청할 수 있으며, 그 요청을 받은 인터넷 홈페이지 관리·운영자는 지체 없이 이에 따라야 한다.

삭제된 정보를 대상으로 게시한 자는 그 정보가 삭제된 날부터 3일 이내에 위원회에 서면으로 이의신청을 할 수 있다.

위원회는 이의신청을 받은 때에는 지체 없이 심의하여야 하며, 이의신청기간을 경과한 이의신청은 각하하고, 이의신청이 이유 있다고 인정되는 때에는 해당 인터넷 홈페이지 관리·운영자에게 삭제요청을 철회하고 이의 신청자에게 그 처리결과를 통지하여야 한다.

라) 위원회는 농업협동조합법 제50조를 위반한 행위에 대한 조치결과를 선거인이 알 수 있도록 투표안내문 동봉·선거일 투표소 첩부·인터넷홈페이지 게시 및 그 밖의 방법을 통하여 공개할 수 있다.


## 4) 후보자등록기간

후보자등록기간은 선거일전 10일부터 2일간(공휴일 포함)으로

한다. 후보자 등록기간 내에 후보자 등록이 없을 때에는  등록기간을 2일간 연장하고 선거일을 2일 연기하여 이를 즉시 공고하여야 한다. 이 경우 당초 선거인을 대상으로 하여 선거를 실시한다.

## 5) 선고공고

위원회는 선거일전 12일에 다음 사항을 공고하여야 한다.

가) 선거하여야 할 임원 및 그 정수
나) 선거인
다) 선거일시 및 장소
라) 피선거권자
마) 후보자등록접수장소
바) 후보자등록기간
사) 기타 필요한 사항

## 6) 투표 및 개표방법

가) 투표용지는 투표당일 선거인에게 교부한다.
나) 투표는 투표용지에 소정의 기표용구로 기표하며, 선거인이 기표할 이사의 수는 선출하여야 할 인원수 이내로 한다.
다) 선거인은 투표개시시각까지 총회에 출석하지 아니하면 투표할 수 없다.
라) 개표는 투표당일 투표소에서 실시한다.

## 7) 무효투표

가) 지역농업협동조합정관례 제84조 제1항 제1호 및 3호부터 7호까지의 경우

◇ 정규의 투표용지를 사용하지 아니한 것
◇ 어느 난에도 표를 하지 아니한 것
◇ 어느 난에 표한 것인지 식별할 수 없는 것
◇ 비치된 기표용구를 사용하지 아니하고 다른 문자나 기호 등을 기입 한 것
◇ 기표 외에 다른 사항을 기입한 것
◇ 정규의 기표용구가 아닌 용구로 표를 한 것
◇ 선출하여야 할 이사의 수를 초과하는 인원을 기표한 경우

나) 무효로 보지 아니하는 것

◇ 기표가 일부분 표시되었거나 기표 안이 메워진 것으로 소정의 기표용구를 사용하여 기표한 것이 명확한 것
◇ 한 후보자 난에 2번 이상 기표한 것
◇ 후보자란 외에 추가 기표되었으나 추가기표된 것이 어느 후보자에게도 기표한 것으로 볼 수 없는 것
◇ 두 호보자란의 구분선상에 기표된 것으로서 어느 후보자에게 기표한 것인지가 명확한 것

◇ 기표한 것이 옮겨 묻은 것으로서 어느 후보자에게 기표한 것인지가 명확한 것

◇ 인주로 오손되거나, 훼손되었으나 정규의 투표용지임이 명확하고 어느 후보자에게 기표한 것인지가 명확한 것

◇ 투표용지에 기표된 수가 선출하여야 할 이사의 수 이내인 것으로서 어느 후보자에게 기표한 것인지 명확한 경우

## 8) 당선인의 결정

가) 이사는 선거인 과반수의 투표와 투표자 과반수의 득표자 중 다수득표자순으로 당선인을 결정한다. 다만, 다수득표자가 경합될 때에는 연장자순에 따라 당선인을 결정한다.

나) 1차 투표에서 과반수득표자가 없거나 선출하여야 할 이사의 수에 미달하는 경우에는 과반수를 얻지 못한 후보자에 대하여 재투표를 실시하여 다수득표자순으로 당선인을 결정하되, 득표수가 같은 후보자가 2인 이상일 경우에는 연장자순에 의한다.

다) 등록된 후보자의 수가 선출하여야 할 이사의 수 이하인 경우에는 등록된 후보자를 선거일에 당선인으로 한다.

라) 위원장은 개표결과를 의장에게 보고하고 의장은 이에 따라 당선인을 결정한다.

## 9) 재선거 및 보궐선거

가) 선거결과 부족한 이사의 수에 대하여는 재선거를 실시한다.

나) 이사가 임기 중 궐위된 때에는 그 부족한 이사의 수에 대하여 보궐선거를 실시한다.

다) 궐위된 이사의 수가 이사정수의 4분의 1 미만인 경우에는 다음 총회까지 선거를 연기할 수 있다.

라) "다"항의 경우에 있어서 궐위된 이사의 잔여임기가 재선거 또는 보궐선거를 실시하여야 하는 사유가 발생한 날부터 1년 이내인 경우에는 선거를 실시하지 아니할 수 있다.

## 10) 관계규정

지역농업협동조합정관례 중 관계규정

제69조 제2항 - 피선거권
제74조 - 후보자등록신청
제75조 - 등록심사 및 접수
제76조 - 등록무효 등
제78조 - 선거방법
제82조 - 투표절차
제89조 - 당선의 통지
제90조 - 선거기록
제93조 - 대의원회 진행
제98조의2 - 선거운동
제98조의3 제1항내지 제3항 - 기부행위의 제한

## 2. 조합원이 아닌 이사(사외이사)

### 1) 자격제한

가) 조합원이 아닌 이사는 조합원이 아닌 사람 중 학식과 경험이 풍부한 사람으로 한다.

나) 다음 어느 하나에 해당하는 사람은 피선거권이 없다.

◇ 지역농업협동조합정관례 제56조 제1항(제10호와 제12호 제외)의 결격사유에 해당하는 사람. 다만, 동 규정 제56조 제1항 제11호를 제외한 결격사유의 기준일은 임기개시일로 하며, 제11호 중 "선거일공고일"은 "추천일"로 한다.

◇ 추천일 전일까지 해당조합의 조합원이어야 하는 이사, 비상임감사 또는 자회사의 비상근임원의 직을 사퇴하지 아니한 사람

◇ 추천일 전일까지 당해조합·다른 조합·연합회·중앙회·농협경제지주회사·농협금융지주회사·농협은행·농협생명보험·농협손해보험의 직원·상임이사·상임감사 또는 공무원(교육공무원과 선거에 취임하는 공무원 제외)의 직을 사직하지 아니한 사람

◇ 추천일 전일까지 농업협동조합법 제52조 제4항에서 정한 경업관계를 해소하지 아니한 사람

◇ 당해조합 조합장선거에 입후보하기 위하여 임기 중 조합원이 아닌 이사의 직을 사직함으로 인하여 실시사유가 확정된 보궐선거의 경우 그 조합원이 아닌 이사의 직을 사직한 사람

## 2) 선거방법

조합장이 추천한 후보자를 대상으로 하여 총회에서 선출한다.

## 3) 선거절차

가) 조합장은 이사후보자를 추천할 때에는 선출의안을 작성하여 총회에 부의한다.

나) 의안은 이사의 수에 따라 단기명 또는 연기명으로 일괄 작성하되, 후 보자의 성명·인적사항 및 주요경력을 적는다.

다) 1개의 의안으로 일괄하여 의결하되, 선거인 과반수의 투표와 투표자 과반수의 찬성에 의한다.

## 4) 관계규정

지역농업협동조합정관례 중 관계규정

제69조 제2항 - 피선거권
제78조 - 선거방법
제82조 제1항, 제2항 - 투표절차
제84조 - 무효투표
제87조 - 재선거 및 보궐선거
제89조 - 당선의 통지
제90조 - 선거기록

제93조 - 대의원회 진행

제94조 - 투표 및 개표방법

제98조의2 - 선거운동

제98조의3 제1항내지 제3항 - 기부행위의 제한

제105조 제4항 - 당선인의 결정

제106조 - 재선거 및 보궐선거


## 3. 상임이사

### 1) 자격제한 등

가) 상임이사는 조합원이 아닌 사람 중 다음 어느 하나에 해당하는 경력을 가진 사람으로 한다(농업협동조합법시행령 제5조).


◇ 조합, 중앙회(중앙회의 자회사 및 손자회사를 포함) 또는 법 제138조에 따라 설립된 품목조합연합회(연합회)에서 상근직으로 5년 이상 종사한 경력이 있는 사람

◇ 농업·축산업과 관련된 국가기관·지방자치단체·「공공기관의 운영에 관한 법률」 제4조에 따른 공공기관(이하 "공공기관"이라 한다) 또는 「금융위원회의 설치 등에 관한 법률」 제38조에 따른 검사대상기관(이에 상당하는 외국금융기관을 포함한다)에서 상근직으로 5년 이상 종사한 경력이 있는 사람

◇ 농업·축산업 또는 금융업과 관련된 국가기관·연구기관·교육기관 또는 기업에서 종사한 경력이 있는 사람으로서 위와 같은

수준 이상의 자격이 있다고 조합의 정관에서 정하는 요건에 해당되는 사람

◇ 농·축산업 또는 금융업과 관련된 회사(일반 유통회사 포함)로서 자기자본 200억원 이상인 회사에서 농·축산업(농·축산 유통업 포함) 또는 금융업에 5년 이상 종사한 경력이 있는 사람

나) 다음에 해당하는 사람은 피선거권이 없다.

◇ 지역농업협동조합정관례 제56조 제1항(제10호와 제12호 제외)의 결격사유에 해당하는 사람. 다만, 동 규정 제56조 제1항 제11호를 제외한 결격사유의 기준일은 임기개시일로 하며, 제11호 중 "선거일공고일"은 "추천일"로 한다.
◇ 추천일 전일까지 해당조합의 비상임이사, 감사 또는 자회사 임원의 직을 사퇴하지 아니한 사람
◇ 추천일 전일까지 농업협동조합법 제52조 제4항에서 정한 경업관계를 해소하지 아니한 사람
◇ 당해조합 및 다른 조합 조합장선거에 입후보하기 위하여 임기 중 상임이사의 직을 사직함으로 인하여 실시사유가 확정된 보궐선거의 경우 그 상임이사의 직을 사직한 사람

2) 선거방법

상임이사는 인사추천위원회에서 추천된 사람을 대상으로 하여 총회에서 선출한다.

## 3) 선거절차

가) 의장은 상임이사 선출의안을 상임이사의 수에 따라 단기명 또는 연기명으로 작성하되, 성명·인적사항 및 주요경력을 적어 1개의 의안으로 총회에 부의한다.

나) 상임이사 선출 안은 선거인 과반수의 투표와 투표자 과반수의 찬성으로 의결한다.

## 4) 관계규정

지역농업협동조합정관례 중 관계규정

제69조 제2항 – 피선거권
제78조 – 선거방법
제82조 제1항, 제2항 – 투표절차
제84조 – 무효투표
제87조 제1항, 제2항 – 재선거 및 보궐선거
제89조 – 당선의 통지
제90조 – 선거기록
제93조 – 대의원회 진행
제94조 – 투표 및 개표방법
제98조의2 – 선거운동
제98조의3 제1항내지 제3항 – 기부행위의 제한
제105조 제4항 – 당선인의 결정

# 제6절 감사 선거

## 1. 비상임감사

### 1) 피선거권 제한

다음 어느 하나에 해당하는 사람은 피선거권이 없다.

◇ 지역농업협동조합정관례 제56조 제1항(제10호와 제12호 제외)의 결격사유에 해당하는 사람. 다만, 동 규정 제56조 제1항 제11호를 제외한 결격사유의 기준일은 임기개시일로 한다.

◇ 후보자등록마감일 전일까지 당해조합·다른 조합·연합회·중앙회·농협경제지주회사·농협금융지주회사·농협은행·농협생명보험·농협손해보험의 직원이나 이사·감사 또는 당해조합 자회사의 임원 또는 공무원(선거에 따라 취임하는 공무원 제외)의 직을 사직하지 아니한 사람. 다만, 당해조합 비상임감사가 그 직을 가지고 입후보하는 경우에는 그러하지 아니하다.

◇ 추천일 전일까지 농업협동조합법 제52조 제4항에서 정한 경업관계를 해소하지 아니한 사람

◇ 당해조합 조합장선거에 입후보하기 위하여 임기 중 비상임감사의 직을 사직함으로 인하여 실시사유가 확정된 보궐선거의 경우 그 비상임감사의 직을 사직한 사람

### 2) 선거방법

가) 비상임감사는 총회에서 선출한다.

나) 비상임감사를 선출할 때에는 조합장은 총회를 소집하여야 한다.

## 3) 재선거 및 보궐선거

가) 선거결과 부족한 감사의 수에 대하여는 재선거를 실시한다.

나) 감사가 임기 중 궐위된 때에는 그 부족한 감사의 수에 대하여 보궐선거를 실시한다.

다) 궐위된 감사의 수가 1인인 경우에는 다음 총회까지 선거를 연기할 수 있다.

라) "다"항의 경우에 있어서 궐위된 감사의 잔여임기가 재선거 또는 보궐선거를 실시하여야 하는 사유가 발생한 날부터 1년 이내인 경우에는 선거를 실시하지 아니할 수 있다.

## 4) 관계규정

지역농업협동조합정관례 중 관계규정

제69조 제2항 - 피선거권

제74조 - 후보자등록신청

제75조 - 등록심사 및 접수

제76조 - 등록무효 등

제78조 - 선거방법

제82조 - 투표절차

제89조 - 당선의 통지

제90조 - 선거기록

제93조 - 대의원회 진행

제98조의2 - 선거운동

제98조의3 제1항내지 제3항 - 기부행위의 제한

제101조의2 - 선거운동

제101조의3 - 후보자등록기간

제102조 - 선거공고

제103조 - 투표 및 개표방법

제104조 - 단기명에 의한 선거의 경우에는 제104조를 제외하고 제84조를 준용한다.

제105조 - 당선인의 결정

## 2. 상임감사

### 1) 자격 제한

가) 상임감사는 조합원이 아닌 사람 중 농업협동조합법 제45조 제6항 단서(법 제107조 제1항 및 제112조 제1항에서 준용하는 경우를 포함)에서 "대통령령으로 정하는 요건에 맞는 사람" 중 다음 어느 하나에 해당하는 사람을 말한다(농업협동조합법시행령 제5조 제2항).

◇ 조합·연합회에서 감사·회계·금융 또는 재무 관련 업무에 상근직으로 5년 이상 종사한 경력이 있는 사람. 다만, 해당 조합에서 최근 2년 이내에 임직원으로 근무한 사람(조합 감사로 근무 중이거나 근무한 사람은 제외)은 제외한다.

◇ 농업·축산업과 관련된 국가기관·지방자치단체·공공기관·연구기관 또는 교육기관에서 감사·회계·재무 또는 조합 관련 업무에 상근직으로 5년 이상 종사한 경력이 있는 사람

◇ 중앙회, 금융업과 관련된 국가기관·연구기관·교육기관 또는 「금융위원회의 설치 등에 관한 법률」 제38조에 따른 검사대상기관(이에 상당하는 외국금융기관을 포함)에서 감사·회계·금융·재무 또는 조합 관련 업무에 상근직으로 5년 이상 종사한 경력이 있는 사람

나) 다음 어느 하나에 해당하는 사람은 피선권이 없다.

◇ 지역농업협동조합정관례 제56조 제1항(제10호와 제12호 제외)의 결격사유에 해당하는 사람. 다만, 동 규정 제56조 제1항 제11호를 제외한 결격사유의 기준일은 임기개시일로 하며, 제11호 중 "선거일공고일"은 "추천일"로 한다.

◇ 상임감사 임기만료일 현재 다른 조합·연합회·중앙회·농협경제지주회사·농협금융지주회사·농협은행·농협생명보험·농협손해보험의 직원·상임이사· 다른 조합의 조합장·연합회의 회장·중앙회의 회장 또는 공무원(선거에 따라 취임하는 공무원 제외)의 직을 사직한 지 90일을 경과하지 아니한 사람. 다만, 상임감사 임기만료외의 사

유로 실시하는 선거의 경우에는 추천일 전일까지 사직하지 아니한 사람

◇ 추천일 전일까지 농업협동조합법 제52조 제4항에서 정한 겸업관계를 해소하지 아니한 사람

◇ 당해조합 및 다른 조합 조합장선거에 입후보하기 위하여 임기 중 상임감사의 직을 사직함으로 인하여 실시사유가 확정된 보궐선거의 경우 그 상임감사의 직을 사직한 사람

## 2) 선거방법

상임감사는 인사추천위원회에서 추천된 사람을 총회에서 선출한다.

## 3) 선거절차

가) 의장은 상임감사 선출의안을 작성하여 총회에 부의한다.
나) 의안은 단기명으로 작성하되, 후보자의 성명·인적사항 및 주요경력을 적는다.
다) 1개의 의안으로 의결하되, 선거인 과반수의 투표와 투표자 과반수의 찬성으로 의결한다.

## 4) 관계규정

지역농업협동조합정관례 중 관계규정

제69조 제2항 - 피선거권

제78조 - 선거방법

제82조 제1항, 제2항 - 투표절차

제84조 - 무효투표

제87조 제1항, 제2항

제89조 - 당선의 통지

제90조 - 선거기록

제93조 - 대의원회 진행

제94조 - 투표 및 개표방법

제98조의2 - 선거운동

제98조의3 제1항내지 제3항 - 기부행위의 제한

제105조 4항 - 당선인의 결정

## 제7절 보칙

### 1. 준칙의 제정

임원선거에 관하여 정관의 시행에 필요한 기타 세부사항은 중앙
회장이 따로 정하는 바에 의한다. 이 경우 조합원이 직접 선출하거
나 대의원회에서 선출하는 조합장선거와 관련된 사항에 대하여는
중앙선거관리위원회와 협의하여 정한다.

## 제8절 대의원 선거

### 1. 자격제한

가. 대의원은 선거일공고일 현재 해당 선출구역 조합원명부에 조합원으로 등제된 사람이어야 한다.

나. 다음 어느 하나에 해당하는 사람은 피선거권이 없다.

1) 지역농업협동조합정관례 제56조 제1항부터 제3호까지, 제11호의 결격사유에 해당하는 사람. 이 경우 동 규정 제56조 제1항 제1호부터 제3호까지의 결격사유의 기준일은 임기개시일로 하고, 제56조 제1항 제11호 중 "5백만원"은 "1천만원"으로, "6월"은 "1년"으로 한다.

2) 선거일공고일 현재 각 조합이 정하는 출자좌수 이상 납입출자분을 2년 이상 보유하고 있지 아니한 사람

3) 선거일공고일 현재 당해조합의 사업이용실적이 정관에 정하는 기준에 미치지 못하는 사람

4) 후보자등록일 전일까지 농업협동조합법 제52조 제4항에서 정한 경업관계를 해소하지 아니한 사람

### 2. 선거인명부 작성

가. 조합장은 선거일공고일 부터 2년 이내에 선거일공고일 현재

조합원명부를 기준으로 선거인명부를 작성하여야 한다. 다만, 대의
원의 임기만료일전 180일 후 조합원으로 가입한 자는 제외한다.

나. 선거인명부는 선거구별로 작성하여야 하며 등재번호, 조합원
가입일, 조합원명부상 주소, 성별, 성명, 생년월일 및 기타 필요한
사항을 적어야 한다.

### 3. 선거인명부 열람 및 수정

가. 조합장은 선거인명부를 주된 사무소 및 신용사업을 수행하는
지사무소에서 선거일 전일까지 선거인이 열람할 수 있도록 하여야
한다.

나. 선거인은 선거연명부에 누락 또는 오기가 있는 경우에는 열람
기간 내에 조합에 이의를 신청할 수 있다.

다. 조합장은 이의신청에 이유가 있거나 조합원자격에 변동이 있
는 경우에는 선거일 전일까지 선거인명부를 수정하여야 한다.

### 4. 선거일

가. 대의원의 임기만료로 인한 선거는 대의원의 임기만료일전 60
일부터 15일까지 실시하되 선거일은 이사회에서 정한다.

나. "가"항 외의 사유로 인한 선거는 그 사유가 발생한 날부터 30
일 이내에 실시하되 선거일은 조합장이 정한다.

## 5. 선거준비

조합장은 대의원선거에 따른 공고문, 통지서, 투표함, 투표용지 등 제반준비물을 조합에 사전 비치하여 각 선거구의 사용에 제공하여야 한다.

## 6. 선거구 및 선출방법

가. 대의원은 선거구별로 선거구내의 조합원이 후보등록에 의하는 방법으로 선출한다.

나. 동일 선거구내에서 선출할 대의원의 수가 2인 이상일 경우에는 조합원수에 비례하여 조합장이 선거구를 구분하여 선거를 실시할 수 있다.

## 7. 선거일의 통지 및 공고

조합장은 선거일전 12일에 다음의 사항을 주된 사무소 및 조합장이 정하는 선거구내의 장소에 공고하고 선거인에게 공고일전 5일까지 서면으로 발송한다.

가. 선거구의 명칭

나. 선출하여야 할 대의원의 수

다. 선거일시 및 장소

라. 피선거권자

마. 후보자등록접수장소

바. 후보자등록기간

사. 투표개시시각 및 종료시각

아. 기타 필요한 사항

## 8. 선거관리 지원

가. 조합장은 선거의 공정한 관리를 위하여 조합의 직원으로 하여금 선거관리를 지원하게 할 수 있다.

나. 조합장은 조합의 주된 사무소에 후보자등록에 필요한 서류를 비치하고 등록업무를 수행하여야 한다.

## 9. 선거관리

가. 선거관리는 위원회에서 관리함을 원칙으로 한다. 다만, 위원회에서 필요하다고 인정하는 때에는 조합장이 관리하게 할 수 있다. 이 경우 조합장은 후보자등록 마감 후 해당 선거구의 선거인 중에서 선거관리위원을 선정한다.

나. 선거관리자는 선거준비·선거진행 기타 선거관리에 관한 업무를, 투표관리자는 투표준비·투표 진행 기타 투표관리에 관한 업무를, 개표관리자는 개표준비·개표진행 기타 개표관리에 관한 업무를 담당한다.

다. 위원장은 선거, 투표 및 개표상황을 기록한 선거록을 작성하고,

위원장, 선거관리자 및 투·개표관리자 전원이 이에 기명날인한다.

라. 후보자는 위원회에서 선거를 관리하는 경우 위원회의 위원장 또는 위원이 될 수 없으며, 조합장이 선거를 과니할 경우 조합장이 선정하는 선거관리위원이 될 수 없다.

마. 위원회의 위원장과 위원은 상호 겸직할 수 없다.

바. 위원장은 지세, 교통 기타의 조건을 감안하여 5개 이내의 선거구를 통합하여 관리할 수 있다.

## 10. 선거방법

가. 대의원은 무기명 비밀투표에 따라 선출한다.

나. 투표는 조합장 또는 위원회가 정하는 시작시간부터 종료시각까지 실시한다. 다만, 투표종료시각 현재 투표하기 위하여 투표소에 대기하고 있는 선거인은 투표할 수 있다.

라. 투표시간은 5시간 이상이 되도록 하여야 한다.

마. 투표용지의 기호순서는 각 조합정관으로 정한다.

바. 선거인은 투표용지에 선출하고자 하는 자의 해당란에 기표하되, 기표하여야 할 대의원의 수는 선출하여야 할 인원수 이내로 한다.

사. 개표는 선거구별로 투표완료 즉시 그 장소에서 실시한다.

## 11. 무효투표

가. 무효투표에 관하여는 지역농업협동조합정관례 제84조와 제

104조를 준용한다.

### 1) 단기명 투표의 경우 제84조 준용과 내용

가) 정규의 투표용지를 사용하지 아니한 것
나) 2이상의 난에 표를 한 것
다) 어느 난에도 표를 하지 아니한 것
라) 어느 난에 표한 것인지 식별할 수 없는 것
마) 비치된 기표용구를 사용하지 아니하고 다른 문자나 기호 등을 기입 한 것
바) 기표 외에 다른 사항을 기입한 것
사) 정규의 기표용구가 아닌 용구로 표를 한 것

### ■ 무효로 보지 아니하는 것

◇ 기표가 일부분 표시되었거나 기표 안이 메워진 것으로 소정의 기표용구를 사용하여 기표한 것이 명확한 것
◇ 한 후보자 난에 2번 이상 기표한 것
◇ 후보자란 외에 추가 기표되었으나 추가기표된 것이 어느 후보자에게도 기표한 것으로 볼 수 없는 것
◇ 두 호보자란의 구분선상에 기표된 것으로서 어느 후보자에게 기표한 것인지가 명확한 것
◇ 기표한 것이 옮겨 묻은 것으로서 어느 후보자에게 기표한 것인지가 명확한 것

◇ 인주로 오손되거나 훼손되었으나 정규의 투표용지임이 명확하고 어느 후보자에게 기표한 것인지가 명확한 것

**2) 연기명 투표의 경우 제104조 준용과 내용**

가) 지역농업협동조합정관례 제84조 제1항 제1호 및 3호부터 7호까지의 경우

◇ 정규의 투표용지를 사용하지 아니한 것
◇ 어느 난에도 표를 하지 아니한 것
◇ 어느 난에 표한 것인지 식별할 수 없는 것
◇ 비치된 기표용구를 사용하지 아니하고 다른 문자나 기호 등을 기입한 것
◇ 기표 외에 다른 사항을 기입한 것
◇ 정규의 기표용구가 아닌 용구로 표를 한 것
◇ 선출하여야 할 이사의 수를 초과하는 인원을 기표한 경우

■ **무효로 보지 아니하는 것**

◇ 기표가 일부분 표시되었거나 기표 안이 메워진 것으로 소정의 기표용구를 사용하여 기표한 것이 명확한 것
◇ 한 후보자 난에 2번 이상 기표한 것
◇ 후보자란 외에 추가 기표되었으나 추가기표된 것이 어느 후보자에게도 기표한 것으로 볼 수 없는 것

◇ 두 호보자란의 구분선상에 기표된 것으로서 어느 후보자에게 기표한 것인지가 명확한 것

◇ 기표한 것이 옮겨 묻은 것으로서 어느 후보자에게 기표한 것인지가 명확한 것

◇ 인주로 오손되거나, 훼손되었으나 정규의 투표용지임이 명확하고 어느 후보자에게 기표한 것인지가 명확한 것

◇ 투표용지에 기표된 수가 선출하여야 할 이사의 수 이내인 것으로서 어느 후보자에게 기표한 것인지 명확한 경우

나. 유·무효투표의 판단이 곤란한 경우에는 위원의 과반수 출석과 출석위원 과반수 찬성으로 의결한다.

## 12. 당선인 결정

가. 당선인은 유효투표의 다수득표자 순으로 결정한다. 다만, 득표수가 같은 후보자가 2인 이상일 경우에는 연장자 순에 따라 당선인을 결정한다.

나. 후보자등록마감 결과 등록된 후보자의 수가 당해 선거구에서 선출하여야 할 대의원의 수 이하일 때에는 투표를 하지 아니하고 후보자 전원을 선거일에 당선인으로 한다. 다만 여성대의원의 정수를 감안하여 배당한 경우에는 당해 조합의 정관에 따른다.

다. 후보자등록마감 후 선거일전일까지 후보자가 사퇴 또는 사망하거나 등록이 무효 되어 후보자가 당해 선거구에서 선출하여야 할 대의원의 수 이하로 된 때에는 전항"나"를 준용한다.

## 13. 재선거 및 보궐선거

가. 다음에 해당하는 경우에는 부족한 대의원의 수에 대하여 재선거를 실시한다.
  1) 선거결과 당선인이 없을 때
  2) 선거의 전부무효판결이 있는 때
  3) 당선인이 임기개시 전에 사퇴·사망하거나 피선거권이 없게 된 때

나. "가"항의 경우 외에 대의원이 임기 중 궐위된 때에는 그 부족한 수의 대의원에 대하여 보궐선거를 실시하여야 한다.
다. 궐위된 대의원의 수가 정관에 따른 대의원 정수의 10분의 1 미만이거나 잔여임기가 3개월 이내인 때에는 선거를 실시하지 아니할 수 있다.

## 14. 당선인의 통지 및 공고

조합장은 당선인이 결정되면 즉시 그 결과를 당선인에게 통지하고 주된 사무소 및 조합장이 정하는 선거구내의 장소에 당선인의 주소, 성명을 공고하여야 한다.

## 15. 선거기록

위원장은 대의원선거에 따른 선거인명부, 선거록, 기타 선거관련

서류를 조합장에게 제출한다. 서류는 당해 선거에 의한 대의원의 임기가 만료하는 때가지 조합에서 보관한다. 다만, 당해 선거소송이 법원에 대의원의 재임기간이상 계속 중인 때에는 소송이 완료될 때까지 조합에서 보관한다.

## 16. 관계규정

지역농업협동조합정관례 관계 규정

제62조 제1항 - 선거인
제63조 - 선거권
제74조 - 후보자등록신청
제75조 제1항, 제4항, 제5항 - 등록심사 및 접수
제76조 - 등록무효 등
제78조 제2항 - 선거방법
제98조의2 제2항, 제4항, 제6항, 제7항, 제8항 - 선거운동
제101조의2 제1항, 제2항, 제6항 - 선거운동
제101조의3 - 후보자등록기간

## 17. 준칙의 제정

대의원선거에 관하여 정관의 시행에 필요한 기타 사항은 중앙회장이 따로 정하는 바에 의한다.

# 제7장

## 직원

# 제7장 직원

조합과 같은 기관을 운영하려면 직원들을 두어야 한다. 모집한 직원들을 배치하려면 직제가 만들어 져야 하고, 직위에 따라 부서의 보직을 두게 되며, 직급과 호봉에 따라 보수가 지급된다.

조합의 경우에도 조직, 업무분장, 직무권한 등을 규정하여 조직적이고 능률적으로 업무를 처리하고 있다.

이 장에서는 직원부분에 대하여 살펴보기로 한다.

## 제1절 용어의 정의

### 1. 기구

경영목적을 달성하기 위하여 구성된 조직의 기본적인 형태를 말한다.

### 2. 조직단위

기구의 구성단위를 말한다.

## 3. 지사무소

주사무소의 지휘감독을 받으면서 부분적으로 독립된 기능을 수행하는 사무소로서 지점, 간이지점, 사업소 및 분사를 말한다.

## 4. 지점

신용사업을 주된 사업으로 하여 종합적 사업기능을 수행하는 지사무소를 말한다.

## 5. 간이지점

본점 또는 지점을 모점으로 하여 사업소 내에 설치한 독립회계 단위가 아닌 지사무소를 말한다.

## 6. 사업소

공판장, 유통센터, 마트, 주유소, 농기구서비스센터 등 경제 사업을 주된 사업으로 영위하는 사무소를 말한다.

## 7. 분사

본 조합의 임명권자와 분사장간 분사운영협약에 의하여 독립적으로 책임경영을 수행하는 지사무소를 말한다.

### 8. 분장업무

조직단위에 배부된 소관업무의 한계를 말한다.

### 9. 직무권한

업무 분장된 범위 안에서 경영상의 직무를 처리할 수 있는 권한의 범위를 말한다.

### 10. 간부직원

본점의 전무 및 상무나 지사무소의 상무를 말한다.

## 제2절 조직

### 1. 과의 수와 명칭

1) 조합의 실정에 따라 과의 수와 명칭 등을 통합 조정하여 운영할 수 있다. 다만, 지점을 3개 이상 둔 조합에서는 검사과를 설치 운

영하여야 한다.

2) 과의 명칭에 있어서도 팀이나 계 또는 담당, 관서 등 여러 형태의 용어로 쓰일 수 있다.

3) 일시적인 특수사항의 연구 또는 사무 처리를 위하여 반班 또는 그 밖의 잠정기구를 둘 수 있다.

4) 간부직원을 2명 이상 둘 경우에는 경제 사업을 전담하는 상무를 두는 것을 원칙으로 한다. 다만, 이와 달리 하고자 할 때에는 이사회의 승인을 얻어야 한다.

## 2. 지점 및 간이지점

1) 조합의 필요에 따라 지점 및 간이지점을 둔다.

2) 조합은 필요한 경우 지역별로 해당 지역 내 지사사무소를 통할할 수 있도록 특정지점을 지정하여 운영할 수 있다.

## 3. 사업소 및 분사

1) 조합의 필요에 따라 사업소와 분사를 둔다.

2) 사업소 및 분사의 직제와 업무운영에 관한 사항은 중앙회에서 따로 정하는 것 이외에는 이사회에서 정한다.

## 4. 기구도

조합의 실정에 따라 기구도를 만들 수 있다.

■ 지역농협 기구도(예시)

1) 조합장 – 총회, 이사회, 감사, 대의원회
2) 상임이사
3) 업무조직부서

◇ 기획 상무(6개 과) – 기획과, 총무과, 감사과, 채권관리과, 영농지도과, 여성복지과
◇ 신용 상무(4개 과) – 수신과, 여신과, 보험과, 카드과
◇ 경제 상무(2개 과 및 3개 사업소) – 판매과, 구매과, 영농자재백화점, 주유소, 하나로 마트

■ 지점 기구도(예시)

1) 지점장
2) 부지점장
3) 팀 단위(6개 담당) : 예금, 여신·기획, 모출납, 카드·판매, 총무·감정·사후, 보험·계산·공과금

## 제3절 정원관리

### 1. 정원책정 반영

조합장은 사업계획, 수지예산 수립 시 다음연도 소요정원을 책정 반영한다.

### 2. 정원 조정의 이사회 의결

연도 중 정원조정은 이사회의결에 의한다. 다만, 증원에 따라 인건비증가로 수지예산의 반영이 필요한 경우에는 수지예산 변경절차로 갈음한다.

### 3. 정원 운용 기준

직원 정원운용 기준은 중앙회에서 별도 정하는 기준에 의한다.

### 4. 기능직의 정원

기능직의 정원은 기술과 일정 자격을 갖춘 사람을 필요로 하는 특정분야에 한하여 책정하여야 한다.

## 5. 정원 준수

정원은 사무소별, 직군별, 직급별, 직렬별로 책정하고 조합장은 정원을 준수하여야 한다.


## 제4절 직원 및 직무의 책임

### 1. 직원

### 가. 직원의 구분

직원은 일반직, 별정직, 기능직, 업무직, 임금피크직으로 구분한다. 일반직은 다시 다음과 같이 직급과 직명이 있다.

1) M급 – 전무, 상무, 00장, 부00장, 팀장, 00역, 참사
2) 3급 – 전무, 상무, 팀장, 00장, 부00장, 00역, 참사
3) 4급 – 상무, 팀장, 차장, 과장, 00장, 부00장, 00역, 참사
4) 5급 – 과장보, 과장대리, 계장, 참사
5) 6급 – 계장보, 참사
6) 7급 – 계장보, 참사

※ 참사란 보직이 없는 경우 임시적으로 운용하는 것을 말한다.

## ■ 기능직 직명

1) 기능과장대리 – 실 근무기간 14년 이상
2) 기능계장 – 실 근무기간 6년 이상 14년 미만
3) 기능계장보 – 실 근무기간 6년 미만

### 나. 별정직

인사규정이 정하는 일정자격자로 하며, 그 직명은 기능직의 직명을 준용한다.

## 2. 직무와 책임

### 가. 간부직원

## ■ 상임이사를 운용하는 조합

1) 본점에 간부직원으로서 상무를 두며, 상무는 소속 상급자의 명을 받아 조합의 업무를 처리한다.
2) 지사무소에는 상무(장장, 소장, 지점장, 분사장 겸임)를 둘 수 있으며, 소속 상급직위의 명을 받아 지사무소의 업무를 관장한다. 다만, 분사장은 임명권자의 명을 받아 분사의 업무를 관장한다.

## ■ 상임이사를 운용하지 않는 조합

1) 본점에 간부직원으로서 전무와 상무를 두며, 전무와 상무는 소속 상급직위의 명을 받아 조합의 업무를 처리한다.

2) 지사무소에는 상무(장장, 소장, 지점장, 분사장 겸임)를 둘 수 있으며, 소속 상급직위의 명을 받아 지사무소의 업무를 관장한다. 다만, 분사장은 임명권자의 명을 받아 분사의 업무를 관장한다.

### 나. 일반책임자

1) 지사무소에 간부직원을 두지 않을 경우 장장, 소장, 지점장을 두며, 소속 상급직원의 명을 받아 지사무소 업무를 관장한다.

2) 지사무소에는 부00장을 둘 수 있으며, 부00장은 상무 또는 00장을 보좌하며, 필요에 따라 상무 또는 00장이 지정하는 업무를 직하의 책임자 없이 직접 처리한다.

3) 각 조직단위에는 과장, 차장, 팀장, 00장, 00역을 둘 수 있으며, 각 상급직위를 보좌하여 소관업무를 처리한다.

### 다. 전담, 겸직책임자

1) 조합장은 인력운용상 필요한 경우 과장, 차장, 팀장, 00역 등 4급 이상 책임자에게 특정업무를 전담 또는 겸직하게 할 수 있다.

2) 전담 또는 겸직업무는 보조자를 두지 않고 분장업무를 단독으로 수행함을 원칙으로 한다.

**라. 일반직원**

조합의 각 조직단위에 과장보, 과장대리, 계장, 계장보, 주임, 00사, 00원, 00보를 둘 수 있으며, 각 상급직위를 보좌하며, 분담 업무를 종사한다.

**마. 기능직**

조합의 각 조직단위에 기능직 직원을 둘 수 있으며, 기능직 직원은 상급직위의 명을 받아 분담업무에 종사한다.

**바. 업무직**

조합은 필요에 따라 업무직 직원을 둘 수 있다.

**사. 계약직**

조합은 필요에 따라 계약직 직원을 둘 수 있다.

**아. 임금피크직**

조합의 각 조직단위에 임금피크직 직원을 운영할 수 있다. 직원의 운영에 관한 사항은 규정으로 정한다.

## 자. 참사

일반직의 각 직급에 참사를 둘 수 있으며, 이는 보직이 없는 경우에 임시적으로 운영하여야 한다.

## 2. 조합장과 간부직원 직무범위

1) 조합장, 상임이사, 전무, 상무, 지점장, 분사장, 장장, 과장 등 각 지위의 직무범위와 책임에 관한 사항은 따로 규정으로 정한다.
2) 조합장, 상임이사 등 재결사항에 대하여 위임 집행기준을 정함으로써 업무의 능률적인 운영을 도모함에 있다.
3) 직위에 다른 직무는 성실하고 효과적으로 집행되어야 하며 그 결과에 대하여는 책임을 져야한다.
4) 전결 사항 중 다른 직위와 관련되는 사항은 해당 직원과 협의하여야 한다. 만약 협의가 이루어지지 않으면 직상위이상의 결재를 받아 처리하여야 한다.

## 3. 직무권한의 대리

지사무소의 장이 사고, 기타의 사유로 인하여 직무권한을 행사할 수 없는 경우에는 동일직급 또는 차하위 직급 책임자 중 선임직원 또는 조합장이 미리 정한 순서에 따라 그 직무를 대리한다.

## 4. 감독 책임

각 직위는 그 하위직위가 직무권한을 적절히 행사하지 못한 때에는 감독상의 책임을 지며, 필요시 하위직위의 직무권한을 중지 또는 제한할 수 있다.

**※ 관련규정 : 직제규정, 직무범위규정**

# 제8장

# 농협의 회계

# 제8장 농협의 회계

## 제1절 농협회계

### 1. 회계연도의 의의

회계란 금전출납에 관한 사무를 일정한 방법으로 기록하고 관리함을 말한다. 금전의 출납에 관하여는 재산상의 증감, 변동, 수입과 지출 등에 대해 기록이 가능하고 수치화 되어야 한다.

회계연도란 수입과 지출의 통제기간을 정하는 단위를 말한다. 통제기간은 1년 단위로 기준을 정한다. 회계연도 기간의 설정은 자유롭다.

회계연도는 예산과 결산의 기준이 되며, 모든 사업은 회계연도 기준에 따라 결과와 평가가 이루어져야한다.

### 2. 농협회계연도

농협의 회계연도는 매년 1월 1일에 시작하여 12월 31일에 종료한다(지역농업협동조합정관례 제144조).

농업협동조합법 제62조(회계연도)에서 지역농협의 회계연도는 정관으로 정하도록 되어 있다.

## 3. 회계의 구분

1) 지역농협의 회계는 일반회계와 특별회계로 구분한다.

2) 일반회계는 종합회계로 하되, 신용사업 부문과 신용사업 외의 사업 부문으로 구분하여야 한다.

3) 특별회계는 특정 사업을 운영할 때, 특정 자금을 보유하여 운영할 때, 그 밖에 일반회계와 구분할 필요가 있을 때에 정관으로 정하는 바에 따라 설치한다.

4) 일반회계와 특별회계 간, 신용사업 부문과 신용사업 외의 사업 부문 간의 재무관계 및 조합과 조합원 간의 재무관계에 관한 재무 기준은 농림축산식품부장관이 정하여 고시한다. 이 경우 농림축산식품부장관이 신용사업 부문과 신용사업 외의 사업 부문 간의 재무관계에 관한 재무 기준을 정할 때에는 금융위원회와 협의하여야 한다.

5) 조합의 회계 처리 기준에 관하여 필요한 사항은 회장이 정한다. 다만, 신용사업의 회계 처리 기준에 필요한 사항은 금융위원회가 따로 정할 수 있다.

※ 관계법 : 농업협동조합법 제63조

## 4. 외부감사인에 의한 회계 감사

1) 조합장의 임기 개시일 직전 회계연도 말의 자산 등 사업 규모가 대통령령으로 정하는 기준 이상인 지역농협은 그 조합장의 임기 개시 일부터 2년이 지난날이 속하는 회계연도에 대하여 「주식회사 등의 외부감사에 관한 법률」 제2조 제7호에 따른 감사인의 회계감사를 받아야 한다.

## ■ 대통령령이 정하는 기준

농업협동조합법시행령 제8조의2(외부감사인에 의한 회계감사를 받아야 하는 조합) 법 제65조의2제1항(법 제107조 및 제112조에서 준용하는 경우를 포함한다)에서 "대통령령으로 정하는 기준 이상인 지역농협"이란 조합장 임기 개시일 이전에 법 제71조 제3항에 따라 정기총회의 승인을 받은 최근 결산보고서에 적힌 자산총액이 **5백억원 이상인 지역농협**을 말한다.

2) 대통령령으로 정하는 기준에 미달되는 지역농협의 경우 조합장 임기 중 1회에 한하여 대의원 3분의 1 이상의 청구가 있으면 청구한 날이 속하는 해의 직전 회계연도에 대하여 감사인의 회계감사를 받아야 한다.

3) 감사인이 회계감사를 하였으면 회계감사보고서를 작성하여 **농림축산식품부령으로 정하는 기간** 이내에 해당 지역농협의 이사회, 감사 및 회장에게 제출하여야 한다.

# ■ 농림축산식품부령으로 정하는 기간

농업협동조합법시행규칙 제8조의3(회계감사보고서의 제출기간) 법 제65조의2제3항(법 제107조 및 제112조에서 준용하는 경우를 포함한다)에서 "농림축산식품부령으로 정하는 기간"이란 다음 각 호의 기간을 말한다.

1. 법 제65조의2제1항(법 제107조 및 제112조에서 준용하는 경우를 포함한다)에 따른 회계감사의 경우에는 다음 각 목의 기간
가. 조합의 이사회 및 감사監事에 대해서는 회계연도의 결산승인을 위한 **총회 개최일 1주일 전까지**
나. 중앙회장에 대해서는 총회의 결산승인이 종료된 날부터 **2주일 이내**
2. 법 제65조의2제2항(법 제107조 및 제112조에서 준용하는 경우를 포함한다)에 따른 회계감사의 경우에는 회계감사가 종료된 날부터 **2주일 이내**

**※ 관계법 : 농업협동조합법 제65조의2(외부감사인에 의한 회계감사)**

## 5. 예산

### 가. 예산의 의의

예산이란 회계연도 적용에 있어 수입과 지출의 예정계획서이자 견적서 역할을 하는 것을 말한다.

예산으로 확정되기 위해서는 총회(대의원회)의 의결을 거쳐야 한다. 이렇게 확정된 예산서는 외부에 대해서는 구속력이 없고 농협 자체 내부에서는 구속력이 있다.

수입예산은 예측이 다변적일 수 있으므로 다소 자유롭지만 지출 예산은 지출의 목과 금액 한도, 시기 등에 있어 엄격한 구속력을 가질 수 있다.

지출예산을 다시 변경하여 사용하려면 수정예산안을 발의하여 이사회나 총회(대의원회)의 의결을 거쳐서 사용하여야 함이 원칙이다.

### 나. 예산의 확정절차 및 예산 변경

1) 지역농협은 매 회계연도의 사업계획서와 수지예산서收支豫算書를 작성하여 그 회계연도가 시작되기 **1개월 전**에 이사회의 심의와 총회의 의결을 거쳐야 한다.

2) 사업 계획과 수지 예산을 변경하려면 이사회의 의결을 거쳐야 한다. 다만, **중요한 사항을 변경하려면 총회의 의결**을 거쳐야 한다.

■ 예산에 대해 총회(대의원회)에서 의결할 중요한 사항

(지역농업협동조합정관례 제37조-총회의결 사항 제1항 제8호)

가) 수지예산 확정 후 발생한 사유로 소요되는 총지출예산의 추가 편성에 관한 사항. 다만, 비례성 예산과 규정에서 정하는 법적 의무 비용·영업외 비용 및 특별손실의 경우에는 그러하지 아니하다.

나) 업무용 부동산 취득과 관련된 총액 1억원 이상의 예산 추가편성 또는 1억원 이상의 업무용 부동산 취득예산의 용도 조정에 관한 사항

다) 다른 법인에 대한 출자와 관련된 총액 1억원 이상의 예산추가 편성 또는 1억원 이상의 다른 법인에 대한 출자예산의 용도조정에 관한 사항. 다만, 중앙회에 대한 출자예산 및 중앙회와 공동으로 출자하거나, 중앙회가 실질적 경영 지배력을 가지는 법인에 대한 출자예산의 추가편성의 경우에는 그러하지 아니하다.

**※ 관계법 : 농업협동조합법 제64조(사업 계획과 수지 예산)**


6. 결산


**가 결산의 의의**


결산이란 일정한 기간 안의 수입과 지출을 마감하여 계산함을 말한다. 결산의 효과는 여러 가지 면에서 살펴볼 수 있다.

1) 1년 동안의 결과를 살펴봄으로써 반성과 평가의 기회를 가져 볼 수 있다.

2) 회계의 단락을 정확히 함으로써 사무 처리의 명확성과 계속성을 확보할 수 있다.

3) 사업의 실태와 문제점 등을 파악할 수 있다.

4) 재산의 증감을 파악함으로써 향후 계획수립에 많은 자료를 제공한다.

5) 각종 자료로 활용할 수 있다.

6) 경비의 낭비요인과 자산의 운영에 통제력을 가져다준다.

7) 경영 공개의 효과가 있다.


## 나. 결산의 절차

### 1) 결산보고서 작성

**조합장은 정기총회일 1주일 전까지** 결산보고서(사업보고서, 재무상태표, 손익계산서, 잉여금 처분안 또는 손실금 처리안 등을 말한다)를 감사에게 제출하고 이를 주된 사무소에 갖추어 두어야 한다(농업협동조합법 제71조).

### 2) 결산보고서에 관한 서류 열람

조합원과 채권자는 결산에 관한 서류를 열람하거나 그 사본의 발급을 청구할 수 있다. 이 경우 지역농협이 정한 비용을 지급하여야 한다.

### 3) 정기총회 결산서 상정

조합장은 결산에 따른 서류와 감사의 의견서를 정기총회에 제출하여 그 승인을 받아야 한다.

### 4) 임원의 책임 해제

정기총회의 승인을 받은 경우 임원의 책임 해제에 관하여는 「상법」 제450조를 준용한다.

**상법 제450조(이사, 감사의 책임해제)** 정기총회에서 전조 제1항의 승인을 한 후 2년 내에 다른 결의가 없으면 회사는 이사와 감사의 책임을 해제한 것으로 본다. 그러나 이사 또는 감사의 부정행위에 대하여는 그러하지 아니하다.

### 5) 승인된 결산보고서 공고

조합장은 총회에서 결산보고서의 승인을 얻었을 때에는 2주일 이내에 재무상태표를 공고한다(지역농업협동조합정관례 제139조).

**※ 관계법 : 농업협동조합법 제71조(결산보고서의 제출, 비치와 총회 승인)**

## 7. 여유자금의 운용

지역농협의 업무상 여유자금은 다음 각 호의 방법으로 운용할 수 있다(농업협동조합법 제66조).

1) 중앙회에 예치
2) 농협은행 또는 대통령령으로 정하는 금융기관에 예치
3) 국채·공채 또는 대통령령으로 정하는 유가증권의 매입

중앙회에 예치를 할 때 그 하한 비율 또는 금액은 여유자금의 건전한 운용을 해치지 아니하는 범위에서 중앙회의 이사회가 정한다.

## 8. 법정적립금, 이월금 및 임의적립금

가. 지역농협은 매 회계연도의 손실 보전과 재산에 대한 감가상각에 충당하고도 남으면 자기자본의 3배가 될 때까지 잉여금의 100분의 10 이상을 적립(법정적립금)하여야 한다(농업협동조합법 제67조).

나. 법정적립금의 자기자본은 납입출자금, 회전출자금, 우선출자금(누적되지 아니하는 것만 해당), 가입금, 각종 적립금 및 미처분 이익잉여금의 합계액(이월결손금이 있으면 그 금액을 공제)으로 한다.

다. 지역농협은 농업협동조합법 제57조 제1항 제1호(교육·지원사업)의 사업비용에 충당하기 위하여 잉여금의 100분의 20 이상을 다음 회계연도에 이월移越하여야 한다.

라. 지역농협은 정관으로 정하는 바에 따라 사업준비금 등을 적립(임의적립금)할 수 있다.

## 9. 손실의 보전과 잉여금의 배당

가. 지역농협은 매 회계연도의 결산 결과 손실금(당기손실금)이 발생하면 미처분이월금·임의적립금·법정적립금·자본적립금·회전출자금의 순으로 보전하며, 보전 후에도 부족할 때에는 이를 다음 회계연도에 이월한다(농업협동조합법 제68조).

나. 지역농협은 손실을 보전하고 농업협동조합법 제67조에 따른 법정적립금, 이월금 및 임의적립금을 공제한 후가 아니면 잉여금 배당을 하지 못한다.

다. 잉여금은 정관으로 정하는 바에 따라 다음 각 호의 순서대로 배당한다.

1) 조합원의 사업이용실적에 대한 배당
2) 정관으로 정하는 비율의 한도 이내에서 납입출자액에 대한 배당
3) 준조합원의 사업이용실적에 대한 배당

## 10. 이익금의 적립

지역농협은 다음 각 호에 따라 발생하는 금액을 자본적립금으로 적립하여야 한다(농업협동조합법 제69조).

가. 감자減資에 따른 차익
나. 자산 재평가 차익
다. 합병 차익

## 11. 법정적립금의 사용 금지

법정적립금은 다음 각 호의 어느 하나의 경우 외에는 사용하지 못한다(농업협동조합법 제70조).

가. 지역농협의 손실금을 보전하는 경우
나. 지역농협의 구역이 다른 조합의 구역으로 된 경우에 그 재산의 일부를 다른 조합에 양여讓與하는 경우

## 12. 출자감소의 의결

가. 지역농협은 출자 1좌의 금액 또는 출자좌수의 감소(출자감소)를 의결한 경우에는 그 의결을 한 날부터 2주일 이내에 재무상태표를 작성하여야 한다(농업협동조합법 제72조).
나. 출자감소 의결을 한 경우 이의가 있는 채권자는 일정한 기일 내에 이를 진술하라는 취지를 정관으로 정하는 바에 따라 1개월

이상 공고하고, 이미 알고 있는 채권자에게는 따로 최고催告하여야
한다.

　다. 공고나 최고는 의결을 한 날부터 2주일 이내에 하여야 한다.

　라. 채권자가 기일 내에 지역농협의 출자감소에 관한 의결에 대하
여 이의를 진술하지 아니하면 이를 승인한 것으로 본다(농업협동조
합법 제73조).

　마. 채권자가 이의를 진술한 경우에는 지역농협이 이를 변제하거
나 상당한 담보를 제공하지 아니하면 그 의결은 효력을 발생하지
아니한다.


## 13. 조합의 지분 취득 등의 금지

　지역농협은 조합원의 지분을 취득하거나 이에 대하여 질권質權을
설정하지 못한다(농업협동조합법 제74조).


## 14. 우선출자(농업협동조합법 제21조의2 준용조항 제147조, 지역농업협동조합정관례 제21조)

　1) 우선출자란 조합의 자금조달 방법의 하나이다.

　2) 잉여금배당에 있어 우선적 지위를 갖는다.

　3) 출자자 자격은 규정으로 정할 수 있다.

　4) 우선출자 1좌의 금액은 5,000원으로 하며, 우선출자의 총액은
자기자본의 2분의 1을 초과할 수 없다.

5) 우선출자자에 대하여는 의결권과 선거권을 인정하지 아니한다.

6) 우선출자에 대한 배당은 조합원 출자에 대한 배당보다 우선한다.

7) 배당률은 액면금액의 100분의 3 이상 100분의 10 이하의 범위로 하며 정기총회에서 정한다.

8) 당해 회계연도의 이익잉여금이 우선출자 금액의 100분의 3에 해당하는 금액에 미치지 못할 때 또는 우선출자자와 별도의 계약에 의할 때에는 달리 정할 수 있다.

9) 우선출자자에 대한 이익잉여금이 부족한 경우 다음 회계연도로 이월하지 않는다.

10) 조합은 정관을 변경함으로써 우선출자자에게 손해를 미치게 되는 때에는 발행한 우선출자 총좌수의 과반수가 출석한 우선출자자총회에서 출석한 출자좌수의 3분의 2 이상의 찬성을 얻어야 한다.

11) 우선출자자총회를 소집할 때에는 개최일 7일전에 각 우선출자자에게 회의목적을 적은 소집통지서를 발송하여야 한다.

12) 우선출자자총회는 우선출자자 전원으로 구성하고, 조합장이 소집하며 그 의장이 된다.

13) 우선출자자총회의 운영 등에 관하여 필요한 사항은 규정으로 정한다.

14) 우선출자를 발행할 때에는 우선출자의 납입기일 2주 전까지 발행하려는 우선출자의 내용, 좌수座數, 발행가액, 납입기일 및 모집방법을 공고하고 출자자 및 우선출자자에게 알려야 한다.

15) 우선출자의 청약을 하려는 자는 우선출자청약서에 인수하려는 우선출자의 좌수 및 인수가액과 주소를 적고 기명날인하여야 한다.

16) 우선출자증권의 발행, 우선출자자의 책임, 우선출자의 양도, 우선출자자 총회 및 우선출자에 관한 그 밖의 사항은 대통령령으로 정한다(농업협동조합법 147조 제5항).

## 15. 출자배당금의 출자전환

회계연도 말의 결산으로 인하여 개인 배당금이 발생한 경우에는 이를 다시 조합에 출자할 수 있다. 이때 조합원은 배당받은 금액을 조합에 대한 채무와 상계할 수 없다(농업협동조합법 제21조의3)

## 16. 회전출자回轉出資

회전출자란 조합원의 일반출자와는 별개로 사업 자금을 늘리기 위하여 잉여금 배당에 있어 특별 배당액을 일정한 기간 동안 사업체에 보류하여 자금으로 충당하는 것을 말한다. 회전출자를 시행할 경우에는 총회의 의결을 거쳐야 하며, 여기에서 결정된 금액 내에서 출자할 수 있다.

회전출자금은 출자 후 5년이 경과하면 출자금으로 전환한다(농업협동조합법 제22조, 지역농업협동조합정관례 제20조).

## 제9장

# 나가기

# 제9장 나가기

농협은 조합원이 주인으로서 그 운영과 결과에 대해 많은 관심을 가져야 한다. 그러나 관심만으로는 한계가 있다.

조합원으로서 알아야 할 기본적인 내용을 사전에 습득하고 공부해 놓지 않으면 그 구실을 제대로 할 수가 없다.

성공적인 조합을 운영하려면 조합장을 비롯한 임원의 선출이 무엇보다 중요하다고 본다.

조합원 개개인은 임원들의 결정에 따라야하고 적극적으로 협조하는 방법 밖에 없기 때문이다.

다음은 조합 운영과 관련된 개인 의견이다.

1. 조합장을 비롯한 임원은 덕망 있고 실력 있는 참신한 사람을 선출하여야 한다.

2. 경제사업소를 두는 것과 그 운영에 많은 연구와 고심이 있어야 농협발전을 기대할 수 있다. 사업소는 접근성이 좋아야 하고, 주차시설이 잘 되어 있어야 하며, 사람의 왕래가 잦은 곳이면 더욱 좋다.

3. 조합원 개개인이 농협에 대한 주인의식을 갖는 것이 무엇보다 중요하다.

4. 조합원에 대한 인기영합人氣迎合의 선심성 선물은 지양되어야 한다. 조합의 건실한 운영의 결과물은 정당하게 분배하는 것이 옳

다고 본다.

5. 조합의 형식적인 홍보보다 적극인 홍보가 필요하다. 소식지 등을 통한 홍보 전략이 중요하다고 본다.

6. 조합원에 대한 자체교육도 꾸준하게 이루어져야 한다.

7. 직원에 대한 능력평가나 정원의 적정성에 대한 검토가 정기적으로 이루어져야 하며 그 결과에 따라 엄격한 인력 통제가 이루어져야 할 것으로 본다. 인건비의 손실은 조합발전에 지장을 초래할 수 있다.

8. 무리한 투자보다는 안정된 투자가 좋다고 본다. 그렇다고 너무 소극적인 자세도 조합발전의 저해 요소가 될 수 있다.

9. 마트 등에서는 조합원이 생산한 농산물 등을 우선적으로 판매함으로써 조합원의 소득 증대와 사기를 높일 수 있도록 하여야 하며, 그 결과에 힘입어 조합의 발전도 기대할 수 있을 것으로 본다.

10. 많은 조합원들을 적극 수용하고 이용하게 할 수 있는 사업소의 분위기 조성이 무엇보다 중요하다고 본다.

11. 조합원에 대한 혜택 사항은 명확하고 신속하게 안내되어야 한다. 그리고 지속적으로 이루어져야 한다. 이런 혜택사항을 몰라서 불이익을 보는 조합원이 없어야 한다.

12. 경영공시 등에 의한 예산의 집행결과나 정보의 공개는 일반인들도 알아볼 수 있는 내용이었으면 한다. 형식적인 공시보다 실질적으로 이해될 수 있는 공시내용이 필요해 보인다.

13. 조합장을 비롯한 경영진에게 바라는 사고능력을 들어보면
첫째 자기 고집과 선입견을 버리고 열려진 사고를 가져야 한다.
둘째 건의 등에 의하여 필요하면 언제든 고칠 수 있는 개선적인

사고를 하여야 한다.

셋째 새로운 아이디어를 발굴할 줄 아는 창의적인 사고를 하여야 한다.

넷째 소극적인 자세를 벗어나 발전지향적인 사고를 하여야 한다.

다섯째 여러 사람의 의견을 경청하여 좋은 결론을 내릴 수 있는 중의적인 사고를 하여야 한다.


14. 내부적인 통제수단으로 몇 가지 진단은 이루어져야 한다고 본다.

첫째 조직진단이다. 조직진단으로 인력수급의 적정성을 점검해 보아야 한다. 필요한 부서의 조직인지에서부터 그에 따른 인력의 배치 등이 진단대상이다. 승진에 있어서도 조직의 정수에 맞게 하여야 한다. 간부직 직원이 너무 많으면 명예퇴직 제도 등을 두더라도 정원조정이 필요하다고 본다. 과다한 인건비는 조합운영에 가장 큰 손실 요인이라 보기 때문이다.

둘째 경영진단이다. 무엇보다 수익을 많이 남겨야 조직이 살아남을 수 있고 발전도 기대할 수 있다. 경제사업 분야에서 손실은 없는지에 대한 분석이 필요하다. 적자나는 사업은 과감하게 그 대책을 세워야 할 것으로 본다. 지출 분야에서도 낭비요인은 없는지 결산을 통해 꼼꼼하게 살펴볼 필요가 있다.

셋째 보안진단이다. 전산화된 금융망에서는 보안진단이 필수적이다. 돌다리도 두들겨보는 심정으로 긴장을 늦추지 말아야 할 것으로 본다. 보안 사고는 자칫 현금사고로 이어질 수 있다. 보이스피싱 등의 사고대책도 마찬가지이다.

넷째 개별업무 진단이다. 직원들이 개별 사무분장에 따라 각자 업무를 잘 처리하고 있을 것으로 믿지만 개중에는 업무에 소홀히 하는 직원도 있을 것으로 본다. 정기적인 자체 감사를 통해 개별업무 지도·감독이 필요하다고 본다.

15. 임원진은 각자의 역할을 숙지하여 제 역할에 열의를 다하여야 한다.

16. 이사나 대의원 등은 통지된 안건에 대하여 자료도 수집하고 실무자에게 문의도 하면서 많은 연구를 한 다음에 회의에 참석하여야 한다. 사전에 공부하지 않으면, 질의 자체를 할 수가 없게 된다. 당연히 좋은 의견도 말할 수 없게 된다.

17. 조직의 단합도 중요하다. 조합원간이나 임직원간에 단결심을 어떻게 고취할 것인지도 고민해 보아야 할 것이다.

18. 조합에 대한 무분별한 공격성 발언, 내부기밀 누설, 각종 업무방해행위 등은 구성원 간에 대립구도 조성으로 조합의 역량 소진으로 갈 수밖에 없다. 이는 조합의 발전을 저해할 수도 있지만 조합의 생존 위험요인으로도 작용할 수 있다. 또한 임직원의 사기저하와 더불어 사업의 진행에도 위축을 가져올 수 있다. 조합의 퇴보는 조합원 개개인의 수익에도 영향을 미칠 수 있다는 것을 잊어서는 안 될 것이라고 본다.

처음에는 많은 분량의 원고를 준비하였으나 나 자신이 이 분야에 전문가가 아닌 점을 감안하여 대폭 삭제하였다. 삭제하고 보니 오히려 잘 되었다는 생각이 든다.

순수한 조합원의 관점과 조합 대의원 활동 경험을 바탕으로 지역농협에 대하여 나름 연구해 보았으나 부족한 점이 있을 것이다. 이 점 너그러운 마음으로 이해를 바란다.

그리고 법규 내용을 그대로 인용하여 사용하다 보니 문장의 흐름이 다소 매끄럽지 못한 점도 아쉬움으로 남는다.

다룬 내용에 있어서 개론적인 부분만 다뤄도 분량이 방대하다. 세부적인 부분을 다루려면 그 분야에 맞게 각론적으로 써야 할 것으로 본다.

앞으로도 많은 부분이 계속해서 연구되어 다루어져야 할 것으로 본다.

지역농협도 발전을 거듭하면서 거대한 기업으로 변모해 가고 있다. 자체적으로 방만하게 운영하다 보면 운영자 입맛에 맞게 운영될 염려가 있다.

통제기관이 튼실하지 못하면 필요 이상으로 인력을 쓰게 되고 인건비 지출도 늘어날 수밖에 없다. 또한 각종 낭비요인도 늘어날 수 있다.

방만한 운영은 발전보다 유지에 더 관심을 갖게 될 수 있다.

책임감 있고 성실한 임원진과 친절하고 근실한 현장 직원들의 자세가 절실히 요구된다.

지금의 현실을 보면 조합장 등이 차기선거에 연연할 수밖에 없고 내부적인 통제는 소홀해지기 쉽다.

지역농협의 발전을 위해서는 객관적이고 투명한 운영과 발전지향적인 계획이 필요하고 본다.

지역농협을 잘 이끌어 가려면 무엇보다 많은 공부가 선행되어야 하리라고 본다.

이 책을 통해 지역농협을 이해하는데 조금이나마 도움이 되었으면 하는 바람이다.

# 지역농협의 이해

초판 1쇄 발행일   2024년 04월 22일

지은이     김영성
펴낸이     고미숙
편 집      구름나무
펴낸곳     쏠트라인saltline

등록번호    제 2024-0000075호
등 록 일    2005년 6월 27일
제 작 처    04549 서울시 중구 을지로 18길 24-4
          31565 충남 아산시 방축로 8 101-502
이 메 일    saltline@hanmail.net

ISBN      979-11-92139-57-9 (13330)
값         20,000원